AF744746

REVENU, TRAVAIL ET MONNAIE

Logiques économiques
Collection dirigée par Marie-Claude Esposito

La collection regroupe désormais « Logiques économiques » fondée par Gérard Duthil et « Questions économiques » fondée par Xavier Richet †, sous la direction de Marie-Claude Esposito. Elle couvre tous les domaines de l'économie au sens large (macroéconomie, microéconomie, finance, stratégie d'entreprise, ressources humaines, etc…) et publie également des ouvrages qui s'efforcent de répondre aux grandes questions actuelles. Elle s'adresse aux universitaires, aux étudiants, aux professionnels de l'entreprise et aux lecteurs intéressés par les bouleversements économiques du monde contemporain en pleine mutation.

Dernières parutions

Fabienne DOURSON, *L'essentiel compté autrement*, 2023.
Patrick THOUROT, *L'État face aux risques, De la crise à la gestion prévisionnelle*, 2023.
Abdellatif BENABDELHAFID, *Système de Logistique intégrée*, 2022.
Christine GALAVIELLE, *La finance : un prisme fragile. Des visions changeantes*, 2017.
Claire EL MOUDDEN, *Redistribution équitable et régimes de retraite*, 2006.
Gérard DUTHIL, *Economie du travail et des ressources humaines*, 2004.
Claudia TRUTOS-PETERSON, *L'émergence de l'arbitrage commercial interna-tional en Amérique latine : l'éfficacité de son droit*, 2003.
C. DIEBOLT, J-L. ESCUDIER, *La croissance économique dans le long terme*, 2002.
François-Régis MAHIEU, *Ethique économique. Fondements anthropologiques*, 2001.
Elie SADIGH, *Du libéralisme ou la loi du plus fort à l'économie politique*, 2001.
Stefano FIGUERA, *Théorie monétaire dans l'économie capitaliste*, 2001.

Jean-Luc Bailly

REVENU, TRAVAIL ET MONNAIE

DE LA GENÈSE DU CAPITALISME

L'Harmattan

© L'Harmattan, 2024
5-7, rue de l'Ecole-Polytechnique, 75005 Paris

http://www.editions-harmattan.fr

ISBN : 978-2-336-45471-9

EAN : 9782336454719

Es-tu capable de te donner toi-même et ton mal et ton bien, et de suspendre au-dessus de toi ta volonté comme une loi ? D'être toi-même de ta loi juge et justicier ?
Il est terrible d'être seul avec le juge et le justicier de sa propre loi.
Friedrich Nietzsche, *Ainsi parlait Zarathoustra,* 1883.

PROLÉGOMÈNES

DE L'ESPRIT

Il faut s'astreindre à un sérieux effort d'abstraction pour ne pas rester enfermé dans les schémas de pensée hérités des économistes classiques et néoclassiques. Après ce que l'on a appelé la « révolution keynésienne », de grands espoirs semblaient permis quant à l'évolution de l'analyse économique. L'approche en termes « d'économie monétaire de production », qui place le concept de revenu monétaire au cœur de l'analyse macroéconomique, marque une rupture avec toutes les analyses qui s'appuient sur l'idée que les relations économiques seraient fondées sur des échanges relatifs. Beaucoup d'auteurs se réclamant de la pensée de Keynes, keynésiens nouveaux ou post, adhèrent encore aujourd'hui à l'idée, qu'au fond, les relations économiques réelles s'articulent sur des trocs, et que ce n'est que dans une sphère des apparences (évidemment supposées trompeuses !) que la monnaie jouerait un rôle essentiel. En un mot, on raisonne comme si les paiements réels consistaient en des transferts de valeurs attachées aux biens physiques transmis d'un individu à un autre individu. C'est au demeurant une des raisons principales pour laquelle on s'accommode du vocable « argent » pour désigner tantôt la monnaie, tantôt le revenu, tantôt le capital, tantôt même un objet particulier ayant pour rôle de représenter la monnaie.

À en croire la littérature économique contemporaine, nos existences se dérouleraient dans un monde où les principes du troc, formalisés par ce que l'on appelle la microéconomie, seraient encore et toujours le fondement, voire l'essence (évidemment non visible) de l'activité économique. En raison de cela, l'économie est alors dite d'échanges ou de marchés, puisqu'il est supposé que tout commence et tout finit par des transferts réciproques de marchandises entre individus. L'hypothèse de base étant que les richesses économiques existeraient, les fameuses dotations initiales chez les néoclassiques par exemple, avant même que les hommes consacrent une partie de leur existence à transformer et accaparer leur environnement, en bref à produire et consommer. Faute de connaître l'origine de ce qui est supposé être échangé, on considère que tout est économique, tout serait modélisable et évaluable à l'aune de la caricature que l'on se donne des comportements des individus, des diverses collectivités et institutions dans les échanges. S'il n'y a pas vraiment de marché, on transpose ; la nature aurait un prix. En réalité, tout n'est pas économique. L'activité économique est certes fortement prégnante, mais elle reste une sphère particulière et limitée de la vie de l'humanité.

En mettant en avant la notion d'économie monétaire de production, Keynes n'a pas cherché à inventer un nouveau monde. Il a posé des éléments visant à construire un cadre analytique permettant d'expliquer un certain nombre de phénomènes que les diverses théories de la valeur relative ne permettaient pas de comprendre. En même temps, il a montré quelles étaient les limites tangibles du champ de l'analyse économique. Les économies humaines sont monétaires par nature, et les richesses économiques sont des créations humaines dont la vocation est d'être détruites par ces mêmes humains. Le principe moteur qui préside à la naissance de toute activité économique n'est pas l'échange relatif, mais la consommation. C'est parce qu'ils veulent consommer que les hommes produisent. C'est aussi parce que leurs ressources sont limitées et que cela leur demande des efforts qu'ils sont contraints de compter ce qu'ils produisent et consomment.

Aussi loin que les historiens, anthropologues, ethnologues, etc. remontent dans l'histoire de l'humanité, ils ne découvrent aucune société dans laquelle aurait régné le troc. Organisée en sociétés, l'humanité a créé la monnaie en regard d'un ordre social et de la nécessité de mesurer les rapports sociaux-économiques[1] au sein de cet ordre. La monnaie est d'abord faite pour compter, et quand bien même fût-elle émise *a priori* sur la base de motifs religieux, politiques ou sociaux divers, elle a toujours servi à compter les richesses appropriées par les individus et la collectivité. De fait, elle a toujours été émise dans un lien direct avec ce qui est produit et consommé. Dès qu'elle s'est organisée en société, grâce à l'émission d'une monnaie sociale officielle, l'humanité a scindé en deux moments distincts, ce qui est en fait un phénomène unique : la production-consommation. Pour autant, économie monétaire de production n'est pas synonyme de capitalisme.

Les grandes civilisations antiques ne fonctionnaient pas dans des rapports de production capitalistes, et pourtant la monnaie, le capital et aussi le salariat, à côté de l'artisanat et de l'esclavage, y jouaient déjà un rôle certain. Dans l'Égypte antique, lorsque leurs terres étaient inondées par les crues du Nil, les paysans participaient aux grands travaux et étaient rémunérés (plus ou moins bien) en raison de cela. Nous pouvons ajouter que les artisans avaient souvent un ou plusieurs employés qu'ils rémunéraient. Bien qu'elles connussent la monnaie, le salariat et le capital, ces sociétés ne peuvent en aucun cas être qualifiées de capitalistes, elles n'étaient pas assujetties au capital comme le sont les nôtres aujourd'hui.

Pour présenter notre conception de la genèse du capitalisme, nous ne suivrons pas la méthode historique, comme il est devenu habituel de le faire à la suite de Marx

[1] Nous ne nions pas que la monnaie ait un rôle social spécifique, mais ce n'est pas notre sujet.

dans *L'idéologie allemande* [Marx, 1932, 1982, p. 1091 *et sq.*]. Il est en effet frappant en même temps qu'étonnant qu'il n'accorde aucune place à la question du développement des activités monétaires et bancaires avant le XVIIIe siècle. Hors des métaux précieux, la monnaie bancaire est absente de sa présentation de la genèse du capitalisme. Pour autant, nous ne rejetons pas l'ensemble de son œuvre économique, loin de là.

Nous nous plaçons dans l'environnement de la théorie de *la macroéconomie quantique* élaborée par Bernard Schmitt, qui a découvert que les phénomènes économiques sont de nature quantique[1]. Il ne s'agit pas là d'une volonté de calquer l'analyse économique sur la physique, mais de la mise en œuvre conceptuelle de ce qu'Hegel annonçait dans sa *Science de la logique* : « Le quantum est la quantité réelle, de même que l'être là est l'être réel. Il est d'abord quantité avec une déterminité ou limite en général, mais dans sa déterminité parfaite, il est nombre. Le quantum se différencie. » [Hegel, 1812, 1972, p. 189]. Nous nous inscrivons aussi dans sa démarche de chercheur en nous référant aux travaux d'auteurs appartenant à différents courants de pensée, très divers, voire idéologiquement opposés, mais dont nous estimons que certains des concepts qu'ils ont élaborés sont tout à fait pertinents. Il n'est pas question de réaliser une synthèse, ce qui est toujours une manière de simplifier les choses au risque de faire des amalgames et de réduire la portée de chacune de ses composantes. La théorie doit être dépassement et non pas consensus. Nous adhérons aussi à cette idée hégelienne que le réel est ce qui est et l'apparence de ce qui est. C'est en vérité cette unité qu'il s'agit de découvrir et d'exposer, et non pas de rechercher la substance cachée qui déterminerait

---

[1] L'essentiel peut être vu dans Bernard Schmitt, *Inflation, chômage et malformations du capital*, Albeuve (Suisse), Paris, Economica-Castella, 1984, 589 p.

le réel. À nos yeux, le réel s'articule sur une logique phénoménologique dont tous les termes sont immédiatement à notre portée, mais dont nous ne distinguons pas toujours les articulations dialectiques aussi clairement qu'il le faudrait. Les actions s'ordonnent dans le temps continu, cependant leur compréhension profonde fait appel au principe de rétroaction.

Lorsqu'ils transforment leur environnement et dépensent leurs forces productives, ce que recherchent au premier chef les hommes, c'est de disposer d'un revenu. Le revenu n'est pas un rapport quantitatif d'objets entre eux, il est une relation des hommes avec eux-mêmes. C'est là le noyau apparent et essentiel de l'activité économique. La valeur, c'est-à-dire le rapport quantitatif entre les objets, en découle. C'est en raison de cela que nous nous sentons autorisés à nous appuyer sur une « robinsonnade » pour dégager certains principes dont la pertinence peut être vérifiée dans le cadre des relations d'échange entre travailleurs indépendants, aussi bien que dans nos économies dominées par le rapport salarial. Le recours à une « robinsonnade » est l'utilisation d'une métaphore nous permettant de saisir le fond anthropologique des pratiques économiques sans avoir recours à de multiples et nombreuses références justifiant historiquement les concepts que nous développons. L'histoire est présente dans la logique des choses telles que nous les connaissons aujourd'hui. Par exemple, la nature de la monnaie contemporaine n'est pas différente de ce qu'elle était dans la Haute Antiquité.

Il n'est pas question pour nous de présenter une analyse critique du texte de Daniel Defoe, mais d'utiliser la description qu'il donne du quotidien de Robinson pour montrer qu'il est fondamentalement logique d'affirmer avec Bernard Schmitt que « la monnaie était de tout temps présente dans le travail de l'homme, à l'intérieur de l'émission réelle. » [Schmitt, 1984, p. 341], et que « l'essence de la monnaie », comme disait Schumpeter, peut être saisie dans le processus de production-consommation d'un travailleur isolé. En d'autres mots, il s'agit de montrer que le champ de l'économie est toujours « monétaire de production ».

La relation de l'individu avec lui-même ne disparaît pas, bien qu'elle puisse s'exercer selon des modalités diverses, lorsqu'il participe à un projet collectif. Quel que soit le mode de production, le principe général de la production-consommation, que nous pouvons saisir chez le travailleur isolé, reste vrai. Bien que pris dans la division du travail, chaque travailleur ne change pas d'identité, il reste fondamentalement un Robinson Crusoé qui produit pour lui-même. Dès lors que l'on comprend que chaque producteur, isolé ou non, procède à des échanges avec lui-même, on peut saisir que toutes les transactions réalisées dans l'espace économique sont de la nature d'échanges absolus.

Les relations économiques sont des créations humaines qui visent à satisfaire des besoins humains, et le circuit sur lequel elles s'articulent est naturellement anthropologique.

Le salariat existe aussi en raison de la distanciation de la production et de la consommation dans le temps continu. Cette disjonction, d'abord due à la monnaie, se concrétise par l'interposition de deux intermédiaires qui agissent de concert : les entreprises et les banques. Or, nous verrons que cette double intermédiation qui, en soi, ne contredit pas les principes du circuit anthropologique, permet la naissance d'un circuit du profit qui alimente un circuit du capital au sein même du circuit général du revenu. Cette découverte de Bernard Schmitt, nous permet de comprendre que le capitalisme se caractérise par l'imbrication d'un circuit non-humain (Schmitt utilise le vocable de pathologie) dans le circuit anthropologique (comme un cancer qui s'installe dans un milieu de cellules saines et produit des métastases dans l'ensemble du système). Il y perdure et s'y développe dans la transgression du principe éminemment humain de la production-consommation. Le capitalisme peut être défini comme une économie dans laquelle des entités « non-humaines », quoique créées par les hommes (les entreprises) accaparent de manière finale une partie de ce que produisent les hommes. Le capitalisme n'est pas une continuité « naturelle » de l'histoire, il apparaît et se répand en raison de pratiques particulières qui se portent contre le principe anthropologique de production-consommation.

Tout n'est pas capitaliste dans nos économies, mais le capitalisme est devenu dominant de manière absolue au sens où il pénètre et oriente l'activité économique dans pratiquement tous ses aspects. C'est aujourd'hui une sphère de l'activité productive humaine dans laquelle s'affirme un rapport social de production bien particulier dont la finalité, quoi que d'aucuns en pensent, n'est pas la consommation, mais la formation et l'entretien du capital fixe accaparé par les entreprises. La taille des entreprises n'a rien à voir avec ce phénomène ; le capitalisme est né à partir de petites entreprises installées dans des zones rurales, ne l'oublions pas.

Pour résumer brièvement les choses, nous pouvons dire que le circuit économique global est composite. On peut y déceler un circuit anthropologique qui répond au principe général selon lequel la finalité de la production est la consommation, et un circuit du capital qui se construit en rupture avec la logique du précédent, bien qu'y étant inclus. Le circuit du capital, *i.e.* du profit, fonctionne sur un principe selon lequel la finalité de la production n'est pas la consommation, mais l'accumulation. Le capitalisme s'articule sur trois opérations fondamentales : la formation de profits, l'investissement de profits et l'amortissement du capital fixe.

Certes, l'idée n'est pas nouvelle, toutefois la notion de valeur, quelle qu'en soit la définition stricte, ne permet pas de saisir le circuit économique autrement que comme une circulation. C'est parce que nous nous appuyons sur le concept de revenu que nous pouvons voir qu'il existe un « compartiment » du circuit économique dans lequel des hommes sont ramenés au rang de moyens et que leur travail n'a pas pour finalité de satisfaire leurs propres besoins, mais l'accumulation de capital. Or, ce capital accumulé qui n'est pas finalisé dans une consommation, n'est pas un « détour de production » ou une consommation différée, il est en réalité une « consommation productive » finale. Ce système, le capitalisme, est rendu possible du fait d'un mode de fonctionnement particulier des banques qui s'accompagne inévitablement d'un phénomène de financiarisation. Le système bancaire, tel qu'il fonctionne encore aujourd'hui depuis la fin du moyen âge, laisse toute latitude aux entreprises d'accaparer finalement une partie des produits destinés en principe à la consommation, et, ce faisant, de créer les conditions de la permanence de l'inflation, du chômage et de crises. La monnaie étant aujourd'hui bancaire, c'est au sein même du fonctionnement du système bancaire et financier qu'il faudrait agir pour sortir du capitalisme et de ses conséquences désastreuses pour l'humanité.

DE LA MÉTHODE

Depuis Ricardo, les analyses d'inspiration classique et néoclassique accordent une place primordiale au concept de valeur. Cela tient pour une large part à la pertinence de sa critique de la thèse du travail commandé développée par A. Smith. C'est donc l'idée du travail incorporé que l'on retrouve aussi dans les théories de la valeur utilité, qui fait que le concept de valeur occupe une place centrale, comme s'il s'agissait là d'une dimension spécifique des choses qui pourrait être saisie en soi. Marx a mis en avant, mais de manière critique, le fétichisme de la marchandise, qui fait de celle-ci une production sociale qui masque les tenants et les aboutissants de l'activité économique. Nombre d'économistes et de sociologues, oubliant l'aspect critique de l'approche de Marx, ont intégré ce caractère fétiche en prétendant une autonomie de la valeur et en attribuant aux marchandises les dimensions d'une métaphysique existentielle qui relève plus de la poétique que de la méthode scientifique. Pris comme catégorie première de l'analyse, le concept de valeur n'a jamais permis de connaître ni d'expliquer la nature de la monnaie, autrement dit le processus par lequel les hommes attribuent aux choses qu'ils produisent une forme quantitative indifférenciée, une dimension sociale particulière qui en font des grandeurs économiques. On ne discute plus aujourd'hui du concept de valeur. On fait comme s'il allait de soi sans en parler, à travers les notions de coûts et de prix. Il n'empêche que l'on dit que les choses ont une valeur comme si c'était une de leurs dimensions, voire une teneur de la matière.

Tout n'est pas économique et tout n'est pas amené à le devenir. Les richesses économiques sont des produits créés par les sociétés humaines, et elles ne sont pas originaires de richesses supposées exister préalablement à leur production par les hommes. Elles n'ont pas non plus de caractère économique en dehors des relations de production et de consommation que les êtres humains établissent pour eux-mêmes avec leur environnement et entre eux. En dépit de ce qu'elle présente une forme valeur, la marchandise n'existe pas en soi, elle n'est ni la finalité, ni l'origine de l'activité économique[1].

Nous devons reconnaître à Keynes le grand mérite d'avoir saisi que le revenu est la grandeur centrale sur

---

[1] C'est sa fétichisation [Marx, 1867, 1965] ou encore son spectacle [Debord, 1967] qui peut faire croire qu'elle existerait en soi.

laquelle s'articulent les activités humaines de production et de consommation. « L'effort humain et la consommation humaine sont les questions essentielles desquelles découle la signification des opérations économiques ; et toutes les autres formes de dépenses n'ont d'importance qu'autant qu'elles sont, tôt ou tard, en relation avec l'effort des producteurs et la dépense des consommateurs. » [Keynes, 1936, 1971, p. 120-121, traduit par nous] À partir de cela, qui peut sembler banal et qui pourtant ne l'est pas, il tire une conséquence qui marque une rupture avec les analyses traditionnelles. Il se propose d'analyser l'activité économique, non plus en termes de stocks de monnaie vis-à-vis de stocks de marchandises, mais en termes de flux de dépenses. Il va distinguer les dépenses de formation du revenu des dépenses de disposition du revenu. Pour autant, il s'oppose aux modèles d'inspiration classique de l'ajustement de grandeurs en vis-à-vis, pour mettre en avant la logique de l'identité des grandeurs économiques. Le revenu courant dont dispose une collectivité ne peut être différent du revenu courant qu'a produit cette même collectivité. Le temps devient alors un élément déterminant des relations et de la définition des grandeurs économiques. C'est sans doute là le pivot de la « révolution keynésienne ».

La relation réelle et absolue qui fonde l'activité économique, et qui unifie la production et la consommation est le revenu. Le concept de revenu ne se prête pas à l'attribution d'un caractère métaphysique, il n'est pas non plus idéalisé comme peut l'être celui de valeur. Il est immédiatement une grandeur humaine. Alors que la valeur est traitée comme en soi une forme ou une substance des choses, dans laquelle seraient inscrits des rapports sociaux, le revenu est la manifestation immédiate de ce que l'activité économique est un mouvement d'appropriation qui ne se réduit pas à des relations quantitatives entre objets. Ce qui distingue au plus profond les deux concepts, c'est que le revenu est une grandeur qui est attachée aux personnes humaines, alors que la valeur l'est aux objets. Le revenu est intériorité par opposition à la valeur qui est représentation extérieure ou spectacle de cette intériorité. En d'autres termes, le revenu est une relation de pouvoir des producteurs sur des choses, alors que la valeur est une relation des choses entre elles. Pendant longtemps, on a considéré qu'il n'y avait de valeur que d'objets matériels « produits de la main ». Les travailleurs intellectuels produisant uniquement des services étaient considérés comme non productifs, ou, dans une version plus moderne, « indirectement productifs », parce qu'apparemment, ils ne donnent pas immédiatement naissance à des objets tangibles. Ainsi, des pans entiers de l'activité productive humaine ont été dévalorisés, voire simplement exclus du champ analytique des économistes. Aujourd'hui encore, certains auteurs ont une position pour le moins ambiguë sur le sujet. Raisonnant en termes physiques, ils ont des difficultés avec la soi-disant « immatérialité » des services, donc, en fait, avec la définition même du travail qui, étant un service, serait lui-même « immatériel »[1]. D'aucuns doutent encore du caractère productif du travail accompli dans les administrations publiques ou privées !

Grâce au concept de revenu, nous pouvons saisir que biens et services sont rigoureusement de même nature, tant ils sont des produits du travail humain destinés à satisfaire des besoins humains. Ce qui distingue ces catégories de produits, ce ne sont pas en premier lieu leurs caractéristiques économiques, mais leur aspect physique. Ces différences physiques ne doivent pas être ignorées : on ne connaît pas de capital fixe constitué de services.

[1] D'où le recours aux notions de « force de travail » et de « capital humain », qui sont aujourd'hui le plus souvent utilisées comme synonymes.

Pourtant, pour qui examine les comptes bancaires, il apparaît que les producteurs de services, comme les producteurs de biens, disposent de dépôts monétaires qui ne sont autres que le produit de leurs activités productrices.

Un revenu est un mouvement qui est instantanément défini par le dépôt[1] de son montant dans le temps continu. Création, tout revenu comporte en lui-même les caractères de sa destruction. En ce sens, c'est un circuit. Le revenu n'est pas la pure apparence de ce qui pourrait être la substance cachée des choses. Le revenu est la production mesurée, c'est-à-dire la mesure ou la grandeur du mouvement de création et d'appropriation de formes utilité, dont la finalité est d'être consommées ; l'appropriation étant simultanée à la création, son circuit est instantané. En se plaçant dans cette perspective, on peut saisir que le champ économique ne peut être traité comme un espace fini – plus ou moins atemporel – dans lequel tout serait donné avant même que n'agissent les individus. Un revenu est une grandeur temporelle, produite et détruite dans les relations qui se nouent entre des travailleurs et leur environnement matériel et social. Grandeur éminemment humaine, tout revenu trouve sa source et sa détermination dans l'exercice d'un travail humain dont la finalité est de répondre à des besoins humains. Le discours contemporain sur la disparition du travail et la négation de la production est en vérité un avatar du fétichisme de la marchandise, une sorte de religiosité fondée sur la croyance que les marchandises sont des valeurs qui pourraient exister en tant que telles, en dehors même des relations sociales. Il n'y a pas de valeur économique sans revenu, c'est-à-dire sans la rémunération d'activités productives humaines. Que la rémunération soit « en nature » plutôt qu'en monnaie, ne change rien à la

[1] Suivant la même logique, on sait si un cours d'eau est défini comme rivière ou comme fleuve selon que son eau est « déposée » dans un lac ou dans la mer.

relation causale. Ce que l'on appelle valeur absolue n'est rien d'autre que la forme monétaire d'un produit qui a acquis cette forme lors même de l'émission d'un revenu. C'est parce qu'il y a revenu qu'il y a valeur et non l'inverse. La valeur d'hier ne fait pas le revenu d'aujourd'hui, elle est, et reste attachée au revenu d'hier. Valeur et revenu ne sont pas disjoints, ils ne peuvent être traités comme s'ils existaient dans des espaces séparés, avec comme corollaire la disjonction de la production et de la consommation, comme si l'une pouvait être déterminée sans l'autre. Si cela peut être physiquement envisageable (sur la base d'une confusion assez courante entre l'humain social et le physique) pour les objets matériels, ça ne l'est évidemment pas pour les services qui sont consommés physiquement sans délai, mais dont la production suscite néanmoins des dépôts monétaires. À strictement parler, les productions économiques sont toutes de la nature de services, puisque les hommes ne créent aucune matière. Ce qu'ils créent, ce sont des formes « dont l'activité »[1] détermine les matières.

Dans la pratique courante, le revenu est précisément la grandeur qui marque l'absolue unité de la production et de la consommation. Il découle de cela, que le concept de revenu ouvre la perspective de la prise en compte d'autres procédures que l'échange relatif (le marché) pour expliquer la répartition des richesses. Au fond, l'activité économique n'est pas réductible à des relations de marchés telles qu'on les conçoit habituellement.

Les concepts de valeur et de revenu se distinguent par ce qu'ils expriment de l'activité des hommes. La valeur, c'est la possession ou, plus précisément, la propriété, elle est comme une fin, un état des choses. Le revenu est d'abord la dépendance de chacun vis-à-vis de sa propre existence, l'obligation de produire pour consommer. Le concept de revenu permet de saisir le lien que l'individu entretient avec

[1] *Cf.* Hegel [1812, 1976, p. 101 *et sq.*]

la société dans laquelle il vit. Il permet de rendre compte de la genèse des mouvements de transformation de la société. En remettant le concept de valeur à sa place, c'est-à-dire celui des rapports quantitatifs entre les choses intermédiés par les humains, et en considérant le revenu en ce qu'il est la réalisation de projets, de désirs qui sont susceptibles de modifier les relations des hommes avec leur environnement physique et entre eux, il devient possible de saisir la vraie nature du capitalisme et d'envisager de le faire disparaître sans passer par l'instauration de dictatures plus ou moins sanguinaires.

Qu'il soit le produit d'un travail indépendant, isolé ou pris dans la division générale du travail, en tant qu'il désigne à la fois ce qui est produit et ce qui est consommé, le concept de revenu s'impose comme la grandeur première et absolue, le noyau intangible de toute analyse visant à expliquer le fonctionnement de quelque système économique que ce soit ou mode de production adopté par les hommes. Un revenu, n'est pas une grandeur relative. C'est une grandeur qui est toujours définie par un mouvement unitaire de création-destruction, ou plus précisément, en restant dans le champ économique, par un mouvement complet de production-consommation. Un revenu formé est nécessairement dépensé, la dépense participe tout autant à sa définition que sa formation. En utilisant un vocabulaire marchand, nous dirions que tout revenu est caractérisé par l'égalité toujours vérifiée, c'est-à-dire l'identité de l'offre et de la demande. S'il y a identité, c'est que l'offre et la demande ne sont séparées ni dans le temps ni dans l'espace. Lorsqu'il perçoit son revenu, le travailleur est demandeur du produit qu'il s'offre à lui-même du fait de son activité de production. Que sa relation au produit soit intermédiée par une entreprise ne change rien au fait que le revenu soit une grandeur absolue. Ce que nous disons-là ne s'oppose évidemment pas à l'idée que le concept de valeur soit indispensable à l'analyse. Il est indéniable que les marchandises ont une valeur. Cependant, nous prétendons que les marchandises n'acquièrent cette forme valeur qu'en raison de ce qu'elles sont objets de revenus. Un revenu n'est pas une somme de valeurs. Toutefois, on ne peut pas considérer que le concept de revenu soit une « alternative à l'économie de grandeurs »[1], car tout revenu est déposé, et sans être le dépôt lui-même, il est en soi et au regard de la société, une grandeur absolue, l'unité déterminée du mouvement, un quantum de temps. En cela, il s'oppose à la valeur, qui, saisie dans des rapports entre des choses, est toujours relative et ce, quelle que soit la définition que l'on s'en donne. Nous pouvons dire encore que le revenu est la grandeur économique première à partir de laquelle sont déterminées toutes les autres grandeurs, y compris celles qui peuvent être relatives. « En effet, tout ce qui est relatif présuppose l'existence de quelque chose qui doit être absolu, et le relatif ne prend sa pleine signification que s'il est juxtaposé à quelque absolu. » [Planck, 1960, p. 95] Nous aurons l'occasion de vérifier cela dans la suite de ce travail.

La distribution initiale du revenu, telle qu'elle est faite dans la production, est généralement modifiée par diverses opérations de répartition, liées aux marchés, à la formation de profits ou à l'intermédiation de l'État et autres institutions. Néanmoins, le caractère absolu du revenu ainsi que la nature unitaire de son mouvement ne sont pas remis en cause par ces opérations.

---

[1] Nous reprenons ici l'expression de A. Orléan [2011, p. 54] qui oppose « économie de relations » et « économie de grandeurs », mais qui : « [...] ignore le salariat et traite la production comme une boite noire » (p. 23). Dans ces conditions, il ne peut évidemment pas saisir l'importance du concept de revenu, et son analyse reste enfermée dans la logique néoclassique des échanges relatifs.

Certes, il est possible de saisir analytiquement que tout revenu est composé de deux tronçons de sens opposé : la formation des richesses (production) et la disposition des richesses (consommation)[1]. Néanmoins, dans la réalité concrète, tout revenu est défini en sa nature même par le mouvement complet et unique de la production-consommation. La disposition des richesses coïncide avec leur formation. La continuité, c'est-à-dire leur unité irrémédiable, réside en la mesure : qu'il soit vu d'un côté ou de l'autre, un revenu ne peut être ni plus petit ni plus grand que lui-même. La grandeur est le mouvement lui-même dans son entièreté, la quantification et l'inscription, ou le dépôt dans le temps de ce qui est produit et, donc, consommé. Quand nous parlons d'inscription dans le temps, nous voulons dire que les deux opérations peuvent bien être effectuées à des dates différentes, leur identité n'est pas remise en cause. Nous le verrons, il serait tout à fait contraire à la réalité des faits, donc à la logique, de raisonner comme si un revenu formé un jour pouvait être différent du même revenu consommé un autre jour. Le circuit du revenu n'est pas une circulation, il est instantané. À l'instant même où il est formé, le revenu est déposé dans le temps et, en tant que grandeur, il perdure aussi longtemps qu'il n'est pas détruit dans des paiements. Dans nos économies, un revenu est une grandeur monétaire, un dépôt monétaire et, en dehors de la monnaie, il n'a pas d'existence objective [Fisher, 1911].

Alors que les produits physiques sont déplacés sur les marchés grâce à la monnaie, les revenus ne le sont pas dans les paiements et ne circulent donc pas de cette manière. Lors d'un échange relatif, on peut transmettre des objets, mais la valeur ne change pas de main, elle perdure sous une autre forme matérielle dans l'avoir de chacun des échangistes. On

[1] En tant que consommation différée, l'épargne ne contredit pas cette loi.

ne peut non plus transmettre un revenu lors d'un paiement, mais c'est pour une raison en quelque sorte contraire. Lors d'un paiement, on ne peut transmettre un revenu pour la simple raison qu'il est détruit sur le payeur. Il ne perdure pas, ni dans le temps ni dans l'espace au-delà de l'instant du paiement. En chaque paiement, le revenu monétaire est converti en biens physiques, ou plus généralement en actifs. En d'autres mots, chaque paiement est de la nature d'un échange absolu. Le revenu est une grandeur qui ressortit au domaine des échanges absolus et en aucun cas à celui des échanges relatifs[1]. Le revenu du payé a sa source dans sa propre activité productive et non dans celle du payeur. C'est dire encore que les revenus ne circulent pas lors de paiements, ni sur les marchés, ni dans un circuit qui leur serait propre. Certes, on peut observer des transferts de revenus, mais en ces occurrences, il s'agit d'opérations qui ne sont ni des achats ni des ventes, celui qui cède son revenu n'exerce aucun pouvoir d'achat, il ne paye pas. Et, lors même qu'un revenu est transféré, il est toujours finalement détruit là où il a été produit. Cela tient à ce que les paiements monétaires ne sont pas de la nature de trocs. La fameuse sphère de la circulation, chère à certains économistes, n'existe pas en tant qu'espace de non-production. Pour autant qu'on puisse l'assimiler à des opérations de commercialisation, comme c'est souvent le cas, elle est un segment du processus de production.

Un revenu est un pouvoir qui s'exerce, puisqu'il est simultanément une offre, celle de produits, et une demande, celle de ces mêmes produits. Ce n'est pas une chose en soi, comme peut l'être une marchandise. On peut détenir un bien doté d'une valeur et l'offrir ou ne pas l'offrir. On ne peut disposer d'un revenu sans être offreur et demandeur de produits. Lorsque nous disons que le revenu est un flux,

---

[1] C'est la raison pour laquelle, en toute logique, la théorie néoclassique, qui traite des échanges relatifs, ignore le concept de revenu.

alors qu'il est visible seulement comme dépôt dans le temps continu, c'est parce qu'il est un phénomène dont le sens et la grandeur ne sont perceptibles que dans le mouvement de son inscription dans l'avoir d'une personne physique. Il est le processus de la production saisi en sa finalité de pouvoir consommer. En sa nature, il est un projet réalisé, dont-on ne peut saisir l'accomplissement que rétroactivement.

Nous pouvons dire qu'un revenu est une offre-demande dans le sens où les travailleurs offrent les produits qu'ils ont formés et en même temps demandent ces mêmes produits du fait même qu'ils disposent des salaires monétaires déposés dans les banques, salaires qui n'ont d'autre teneur que les produits déposés physiquement dans les entreprises. Grandeur, il n'est pas, contrairement à la valeur, la mesure des choses, il est les choses mesurées en ce qu'elles sont prises dans des unités de compte, la monnaie, qui quantifient des rapports sociaux. Un revenu n'est donc pas, comme peut l'être une valeur, une forme qu'il faudrait réaliser pour disposer des choses (c'est cette nécessité de réalisation liée à la valeur que figure l'image du « saut périlleux de la marchandise » utilisée par Marx dans *Le Capital*.) On peut posséder une grande quantité de valeur et pourtant ne pas être en capacité d'acquérir immédiatement des marchandises. La valeur d'un actif n'est pas un pouvoir d'achat, elle doit être convertie en revenu, donc détruite d'une manière ou d'une autre, pour le devenir. Le capitalisme est précisément ce monde où des valeurs, quoique produites et reproduites, ne sont jamais consommées par les individus alors qu'elles devraient l'être. Il tire son origine et sa pérennité de ce que des revenus monétaires épargnés servent de fonds pour rémunérer des travailleurs, ce qui a pour conséquence que les sommes que reçoivent ces derniers n'apportent, ni à eux ni à la collectivité, aucun nouveau pouvoir de consommer, alors que le capital s'accroît.

Aujourd'hui, comme Robinson Crusoé seul sur son île, chaque travailleur, chaque salarié est rémunéré par son propre produit, qui n'est autre que son revenu monétaire. Le circuit du revenu n'est pas une construction intellectuelle abstraite à finalité pédagogique, il est bel et bien la réalité concrète, le fondement pratique de toute économie.

CHAPITRE 1

PRODUCTION-CONSOMMATION ET MONNAIE

En physique, la loi de Lavoisier est généralement résumée par la formule : « Rien ne se perd, rien ne se crée, tout se transforme. » En économie, en revanche, on observe des créations destinées à être détruites : les formes économiques créées dans la production sont irrémédiablement détruites dans la consommation. Il s'ensuit que la logique et la méthode de l'analyse économique ne peuvent être élaborées par analogie avec le monde de la physique au sens large[1]. Certes, la production repose sur la transformation de matières, mais on ne crée pas de matières, et, lorsque l'on consomme, on ne consomme pas des matières, mais des services que l'on retire de l'usage des formes que l'on donne aux matières. Il est certain que toute production est attachée, plus ou moins directement, à une fabrication, mais les deux opérations ne se confondent pas, fabriquer n'est pas produire[2]. Pour faire bref, disons qu'au plan économique, nous ne produisons et ne consommons que des services.

---

[1] Y compris physiologie, biologie, etc.

[2] Dans le *Petit Robert* [1979, p. 1537] : « du lat. *producere* « mener en avant, faire avancer », faire apparaître, faire connaître, faire exister (ce qui n'existe pas encore.»

PRODUCTION ET MONNAIE

Le concept de richesse économique ne désigne pas des matières, mais les formes des matières appropriées par les hommes. L'objet de l'analyse économique est ainsi le devenir de ces formes imaginées qui, en elles-mêmes, ne sont pas matérielles, et, donc, n'existent pas en soi. C'est une des raisons pour lesquelles nous pouvons affirmer que le monde économique ne répond pas à des lois physiques, et, de ce fait, n'est pas directement mathématique. En revanche, étant le lieu où l'on dénombre des formes qui doivent présenter une certaine homogénéité du fait des échanges, le monde économique est comptable. C'est que le revenu n'est pas une dimension des choses, comme peut l'être la valeur dans un certain nombre de théories, mais un rapport quantifié des producteurs aux choses produites.

Lorsque l'on utilise le vocable de monnaie, on pense tout de suite à des relations d'échanges entre les individus qui composent une collectivité. Il est généralement admis que la monnaie est avant tout une institution, un phénomène social collectif qui s'imposerait « de l'extérieur » aux individus, aussi bien dans sa fonction d'unité de compte que dans celle de moyen de paiement. Penser cela, c'est confondre la forme avec la nature du phénomène qu'est la monnaie [Hume, 1742].

On rencontre aussi assez souvent l'idée que la monnaie est un langage[1]. C'est qu'en effet, elle ressortit à la même logique phénoménale que la langue. Il faut donc tenir compte des connaissances en ce domaine. Le grand linguiste Ferdinand de Saussure écrivait : « Le langage a un côté individuel et un côté social, et l'on ne peut concevoir l'un sans l'autre. » [Saussure, 1916, 1982, p. 24]. Par analogie, nous pouvons dire que la monnaie s'impose dans les relations avec les autres, parce qu'elle est déjà présente

[1] Bien souvent pour appuyer l'argument institutionnaliste.

dans l'action même du travailleur qui produit sa propre existence. La monnaie « était de tout temps présente dans le travail de l'homme » écrit Schmitt [1984, p. 341]. Par nature endogène, la monnaie n'est pas d'abord une institution. Originellement incluse dans l'émission réelle à laquelle procède tout producteur, elle participe directement de son activité et de la réalisation de ses projets en matière de consommation. L'homme est un être social, il est de ce fait contraint de collaborer et d'échanger avec les autres. Pour cette raison, depuis que se sont formées des sociétés humaines, la monnaie joue un rôle essentiel dans les relations sociales, et particulièrement dans l'un de leurs aspects qui nous intéresse ici : l'activité économique.

C'est très probablement en raison de ce que l'on se focalise sur cette essentialité que l'on a coutume de présenter la monnaie comme quelque chose qui trouverait son origine dans les échanges sur les marchés des produits. En tant que telle, elle s'imposerait comme intermédiaire dans les échanges entre des individus appartenant à des communautés différentes et disposant de surplus. Quand bien même cela serait, ce qui n'est pas vérifié, il reste que si l'on peut observer un surplus, c'est parce que l'on procède au dénombrement de ce qui est disponible, donc à une mesure. Et pour que cela se fasse, il faut une unité de référence.

À la fin du premier chapitre de son ouvrage fondateur de l'analyse quantique en économie, *Inflation, chômage et malformations du capital* [1984], Schmitt écrit : « Le produit ne peut se former en nombre que s'il est changé en nombre. Il est inconcevable que l'homme, s'il se tient à l'écart de tout échange, réussisse à transformer son produit en numéraire : il obtiendra toujours du pur temps quantisé. » [Schmitt, 1984, p. 62]. Au début du chapitre IV du même ouvrage, il écrit : « La production est d'abord purement réelle. La monnaie est exclue quand le travailleur produit pour lui-même, en s'appropriant son propre produit. La production réelle a toutes les caractéristiques de l'émission. C'est la raison pour laquelle les productions-émissions correspondent encore, dans leur apparence la plus moderne, à la définition des émissions purement réelles. Nous savons cependant qu'en l'absence de monnaie, la dimension-numéraire ne peut pas être donnée au produit, qui n'a alors que la dimension-temps, incapable de fournir une unité de mesure commune aux divers produits. » [Schmitt, 1984, p. 82]. Contrairement au langage qui a « un côté individuel » [Saussure, 1916, 1982], la monnaie, bien que langage, serait étonnamment dépourvue de cette caractéristique.

Toutefois, contrairement à l'immense majorité des économistes, Bernard Schmitt ne se donne pas pour hypothèse que la macroéconomie serait fondée sur la microéconomie et que, partant, l'activité économique s'articulerait essentiellement sur des échanges relatifs, c'est-à-dire que nous vivrions dans un monde où les échanges seraient de la nature de trocs, même avec intervention de la monnaie[1] : « L'échange de la monnaie est ambigu. Si le bien vendu est un nouveau produit, la logique ne permet pas d'écarter *a priori* l'éventualité d'une tout autre interprétation de l'échange : loin d'être conclu de bien réel à bien monétaire, il se peut que l'échange le soit entre la forme réelle du nouveau produit et sa forme monétaire ; auquel cas l'opération n'implique pas, malgré les apparences, deux biens distincts, mais le même bien sous ses deux formes. » [Schmitt, 1984, p. 83]. Dans ce cas, il s'agit d'un échange absolu, à savoir, la conversion de produits d'une forme en une autre, qui est aussi la leur, sur

[1] Comme c'est le cas dans toute la littérature d'inspiration classique, et particulièrement néoclassique. Dans "A monetary theory of production", Keynes [1933], s'opposait déjà à une telle représentation de l'économie.

un même agent. Or, rien n'indique que cette conversion ne soit réalisable que grâce à l'intermédiation d'un autre agent, surtout si l'on raisonne non pas en termes de valeur, mais en termes de revenu.

La théorie des émissions nous dit que la production est un mouvement ondulatoire et corpusculaire [Schmitt, 1984, p. 444-445]. Force est de constater que, quand bien-même est-il pris dans la division générale du travail, chaque producteur est lui-même émetteur de son propre produit. Autrement dit, la consommation étant la finalité de la production, de par son activité, chaque travailleur vise à créer une relation d'équivalence entre sa propre production et sa propre consommation. Dès lors que l'on se place dans cette perspective : « En toute rigueur, écrit Bernard Schmitt, il faut donc reprendre l'affirmation que nous avons avancée au sujet de l'absence primitive de la monnaie dans les temps préhistoriques[1]. Dès que le travail est apparu, la monnaie était présente au sein de l'émission. » [Schmitt, 1984, p. 340]. Le nominal, le monétaire, ne fait donc pas face au réel, il n'est pas étranger au réel, il en est constitutif. Il faut abandonner ce matérialisme primaire qui voudrait que le réel se limite au physique palpable. Répétons-le, le réel est ce qui est et la forme de ce qui est.

Il est de la nature de la monnaie d'être composante du réel. Autrement dit, la monnaie n'est pas intégrée à un supposé réel qui existerait en dehors d'elle, elle est immédiatement partie prenante de l'activité économique et participe de sa réalité. L'unité de monnaie n'est pas une unité de mesure du produit qui serait concurrente ou parallèle aux unités de mesures physiques. Elle est autre, hétérogène aux biens et aux services, elle quantifie le rapport de l'homme à ses produits. « La monnaie-galets est sans doute une forme déjà évoluée de la monnaie ; il reste que la monnaie était de tout temps présente dans le travail

---

[1] Voir la citation au-dessus.

de l'homme, à l'intérieur de l'émission réelle. » [Schmitt, 1984, p. 341]. Ici, il faut comprendre que la monnaie est un nombre, une grandeur logique[1] et non pas une chose matériellement saisissable.

L'ÉMISSION RÉELLE DU PRODUCTEUR ISOLÉ

Dès que son travail est abouti dans une forme matérielle susceptible de satisfaire ses besoins, tout producteur isolé consomme immédiatement son propre produit. « Ce qui constitue la récompense naturelle ou le salaire du travail, c'est le produit du travail. Dans cet état primitif qui précède l'appropriation des terres et l'accumulation des capitaux, le produit entier du travail appartient à l'ouvrier. » [Smith, 1776, 1991, p. 135]. Bien qu'il n'ait pas de perspectives d'échanges avec d'autres, il évalue néanmoins les choses, puisqu'il met en regard la peine qu'il a à produire et la satisfaction qu'il tire de la consommation de son produit. Un élément de preuve est qu'il fait des choix qui tiennent compte tout autant de ses propres talents et capacités productives, que des contraintes que lui impose son environnement. Pour discuter de cela, nous nous proposons d'utiliser, à l'instar de nombreux économistes et à titre d'illustration de notre propos, le célèbre livre de Daniel Defoe, *Robinson Crusoé*[2], publié pour la première fois en 1719[3].

---

[1] Nous revenons plus loin sur cette notion de grandeur logique que nous reprenons de B. Russell.

[2] Dans laquelle il ne faut voir de notre part aucune volonté de légèreté, mais plutôt le choix d'une référence commune, souvent implicite, à nombre d'économistes. Pour plus de précisions sur la démarche de D. Defoe, on peut voir Desmedt [2007].

[3] La pagination que nous donnons se réfère à l'édition de 2003 en Livre de Poche.

Il n'y a de revenu pour Robinson Crusoé que ce qu'il consomme : « Mais ce dont je pouvais faire usage était seul précieux pour moi. J'avais de quoi manger et de quoi subvenir à mes besoins, que m'importait tout le reste ! » [Defoe, 1719, 2003, p. 178]. La finalité de sa production est sa consommation. S'il ne consomme pas, le fruit de son travail est perdu. « Si j'avais semé plus de blé qu'il ne convenait pour mon usage, il se serait gâté. » [Defoe, 1719, 2003, p. 178]. Le blé gâté ne vaut rien pour Robinson, c'est comme s'il n'existait pas et n'avait donc pas été produit[1]. « En un mot, la nature et l'expérience m'apprirent, après mûre réflexion, que toutes les bonnes choses de l'univers ne sont bonnes pour nous que suivant l'usage que nous en faisons, et qu'on n'en jouit qu'autant qu'on s'en sert ou qu'on les amasse pour les donner aux autres, et pas plus. » [Defoe, 1719, 2003, p. 178-179)[2]. Ainsi, c'est la consommation qui valide l'activité productive en tant que production.

Après avoir échoué lors du creusement d'un canal, Robinson Crusoé se fait la réflexion suivante : « Je fus vraiment navré, et je compris alors, mais trop tard, quelle folie c'était d'entreprendre un ouvrage avant d'en avoir calculé les frais et d'avoir bien jugé si nos propres forces pourraient le mener à bonne fin. » [Defoe, 1719, 2003, p. 177]. Faute de contribuer à quelque satisfaction, le travail est perdu, la force a disparu sans retour équivalent au bénéfice du travailleur. En dépit des efforts fournis, le travail de Robinson Crusoé n'est pas abouti dans une forme

[1] Il ne faut pas confondre fabrication et production, qui, d'un point de vue économique, ne sont pas synonymes.

[2] Dès les premières pages de *The Principles*, Ricardo écrit : "If a commodity were in no way useful- in other words, if it could in no way contribute to our gratification-it would be destitute of exchangeable value... whatever quantity of labour might be necessary to produce." [Ricardo, 1817, 1951, p. 11].

utile. Il s'est donné de la peine en vain, il n'a rien produit et ne tire aucun revenu de son action.

« La production est un mouvement ondulatoire », écrit Schmitt [1984, p. 58]. C'est parce qu'il est achevé à un instant donné dans une forme utile particulière que le travail s'avère productif depuis l'instant où a été entreprise la fabrication de la chose désirée. L'activité de Robinson Crusoé ne pourrait être qualifiée de production, que s'il avait terminé son canal et l'utilisait pour satisfaire ses besoins. Le caractère productif du travail est saisi d'un seul coup à rebours à partir de son aboutissement et non au fur et à mesure du déroulement de l'activité. « Si la production ne prend existence qu'à son achèvement, [...] c'est qu'elle est la rencontre d'un projet et de sa réalisation. » [Schmitt, 1984, p. 58]. C'est de la réalisation du projet qui a motivé l'action du producteur que découle le caractère utile du travail, et non pas seulement de son exercice et de ses qualités. Nous pouvons dire que l'action du travailleur est une production dès lors qu'elle est aboutie dans la création d'une forme utilité. Le travail s'exerce donc pendant une durée déterminée, entre l'instant où est commencée la fabrication de la chose désirée et celui où elle est achevée. Le produit n'existant qu'à son achèvement, « Toute production s'achève à un instant du temps continu » [Schmitt, 1984, p. 57]. Et ce n'est qu'à cet instant que l'instant auquel a commencé la fabrication peut être saisi comme point de départ de la production. Aussi peut-on dire que chaque produit est, certes, une quantité finie de matière et d'énergie, mais qu'il est aussi une quantité unitaire et finie de temps, autrement dit un *quantum de temps*. De cela, on peut déduire avec Schmitt que « Le travail quantise le temps » [Schmitt, 1984, p. 59], et que, partant, chaque produit étant un quantum de temps[1], il est, pour cette raison, d'emblée une grandeur. La durée de la production est finie,

[1] Pour plus de précision, on peut voir aussi Cencini [1988].

entière, et sa mesure, donc son existence économique, est déterminée à l'instant même de son aboutissement dans la réalisation du projet du producteur. Le canal n'étant pas fini, le creusement du trou dans le sol n'est pas une production, et le trou n'est pas un produit puisque Robinson Crusoé abandonne purement et simplement son projet[1]. Nous pouvons écrire cela parce que les différentes tâches accomplies par Robinson Crusoé n'ont en rien contribué à la formation de quoi que ce soit, d'aucune forme à même de satisfaire, même indirectement, ses besoins finals.

En définissant le principe de la production-consommation, nous avons dit que Robinson Crusoé consommait immédiatement le résultat de son activité productive en chaque période. Il nous faut cependant être un petit peu plus précis. En effet, Robinson Crusoé consacre une partie de son activité productive à la fabrication de biens instrumentaux divers, notamment une « pelle en bois » qu'il utilise pour travailler la terre [Defoe, 1719, 2003, p. 151]. En fabriquant la pelle, il vise à réaliser des gains de productivité plutôt qu'à augmenter immédiatement son stock de biens consommables. Cela nous amène à nous interroger sur la nature économique de la pelle et sur le rôle qu'elle joue dans l'économie de Robinson Crusoé.

LE PRODUCTEUR ISOLÉ INVESTIT

Lorsqu'il fabrique une pelle, Robinson Crusoé forme un nouveau revenu et il approvisionne son stock de valeurs d'usage. Toutefois, la pelle n'est pas destinée à être un produit final. Nous l'avons dit, le principe de production-consommation suppose la réalisation d'un projet, or manifestement, celui qui est attaché à la fabrication même

---

[1] « [...] des produits sont non seulement le résultat, mais encore la condition d'existence du procès de travail [...] » [Marx, 1867, p. 734].

de la pelle n'est pas de la consommer, mais de réaliser des gains de productivité lors de la production de revenus futurs. Donc, si nous raisonnons en termes de processus, c'est-à-dire de revenu, nous pouvons observer que la pelle existe économiquement au-delà de la période de sa fabrication, et cela, non pas parce qu'elle est là, mais parce qu'elle est utilisée pour produire un nouveau revenu dans une nouvelle période. Nous sommes là en présence d'un investissement.

Si nous raisonnions en termes de valeur, et du fait que la valeur perdure dans le temps avec les objets auxquels elle est attachée, nous serions conduits à faire une sorte de circonvolution (un saut périlleux logique) à la Marx en disant qu'un produit peut ne plus être un produit : « Toute valeur d'usage entrant dans des opérations nouvelles comme moyen de production perd donc son caractère de produit, et ne fonctionne plus que comme facteur du travail vivant. » [Marx, 1867, 1965, p. 733]. Si la pelle a été produit, elle reste produit, le temps est irréversible. En revanche, elle a été revenu, elle est stock, définitivement stock, et ne redeviendra jamais revenu. Un revenu est un « paquet » de temps, une fois le temps de sa formation écoulé, il disparaît en tant que tel. D'abord revenu physique, la pelle est instantanément stockée en tant que produit, et c'est en tant que produit d'une période qu'elle est dépensée dans d'autres périodes pour contribuer à de nouvelles productions. L'investissement s'articule sur deux opérations organiquement liées et successives dans le temps continu : la fabrication, d'une part, et l'utilisation de formes utilités en tant qu'instruments de travail, d'autre part.

Par ailleurs, il est certain que la pelle n'est pas consommée, nous pouvons donc dire qu'elle est constituée en épargne. Une conclusion s'impose logiquement : la pelle est l'épargne correspondant à l'investissement réalisé par Robinson Crusoé.

Une telle affirmation peut surprendre. Il est vrai que dans les manuels d'économie, il est dit que n'étant pas « mangée » comme l'est le pain, la pelle est épargnée et, ensuite, éventuellement investie. L'épargne serait donc une non-consommation, bien souvent interprétée comme une non-dépense. Or, dire cela, c'est confondre ce qui relève de processus physiques avec l'activité proprement économique. Avant même d'être mangé, le pain est économiquement consommé dès l'instant où il est saisi en tant que bien final, c'est-à-dire sorti du processus productif. En langage des manuels, il est dit que le pain est épargné parce qu'il n'est pas mangé tout de suite, donc que l'épargne est une consommation différée, une ingestion reportée dans le temps. En nous plaçant sur le même plan que les auteurs de manuels, nous pourrions affirmer que, n'étant pas « mangeable », la pelle ne sera jamais consommée, même pas plus tard. Même dans une économie aussi primitive que celle de Robinson Crusoé, on ne peut définir l'épargne sur le seul critère du report de la consommation.

La notion d'épargne est, nous en convenons tout à fait, relative au temps. Toutefois, dans une économie de production, comme l'est celle de Robinson Crusoé, c'est le temps attaché à la production, donc à la réalisation du projet de consommation qui est déterminant.

La pelle est une épargne macroéconomique parce qu'elle reste dans le processus général de la production-consommation, autrement dit, parce qu'elle est dépensée dans une nouvelle production, en un mot, parce qu'elle est investie. Pour rester dans le monde réel, nous devons aussi écrire qu'elle est investie parce qu'épargnée. C'est qu'en effet, le processus de l'investissement ne commence pas à l'instant où la pelle est utilisée dans une nouvelle production, mais bien avant, au moment où a été entreprise sa fabrication. Il reste vrai qu'un produit non consommé est épargné, mais la pelle se révèle pour être une épargne, non pas parce qu'elle sera consommée plus tard – nous l'avons dit, elle ne le sera jamais, mais parce qu'en tant qu'utilité, elle reste dans le processus productif. Elle est dépensée, investie en sa forme utile dans une nouvelle production. De fait, nous venons d'énoncer le principe de l'identité de l'épargne et de l'investissement, identité qui réside dans leur objet même. La pelle n'étant autre qu'elle-même ; du point de vue de son futur, elle est investissement ; du point de vue de son passé, elle est épargne.

L'épargne n'est pas un préalable à l'investissement et elle ne peut être définie indépendamment de son investissement. De même, tout investissement est nécessairement alimenté par une épargne. Dans l'économie de Robinson Crusoé, la pelle (épargne) ne s'ajuste pas à la pelle (investissement). Cela est vrai dans toute économie, les deux grandeurs ne s'ajustent pas l'une à l'autre. Par une autre voie que celle qu'il a suivie, nous retrouvons ce résultat énoncé par Keynes dans la *Théorie Générale* [1936][1], à savoir, que l'identité de l'épargne et de l'investissement n'est pas une simple égalité comptable, mais bien un fait économique. Épargne et investissement sont les deux faces d'un processus unitaire qui se traduit par la formation d'une grandeur unique : un moyen de production. Tout moyen de production est identiquement une épargne et un investissement. Il n'est pas une chose en soi, mais, un rapport social de production, l'élément d'un processus. Ici, Robinson Crusoé joue les deux rôles d'épargnant et d'investisseur. Bien entendu, dans l'économie de Robinson Crusoé, la pelle n'est pas un capital puisqu'elle n'a pas de forme financière[2]. Purement

[1] En particulier dans le chapitre 6, section 2, p. 87 de l'édition de 1969.

[2] Le financier suppose l'interposition d'un tiers, en l'occurrence un système bancaire, entre le producteur et le consommateur.

instrumentale, elle n'en est qu'un « présupposé » [Marx, 1867, 1968, p. 348].

Nous l'avons dit, Robinson prend la peine de fabriquer une pelle pour réaliser des gains de productivité. Nous pouvons nous interroger sur le contenu de cette notion de productivité au regard de son travail et de l'usage de la pelle.

Il est certain que la pelle n'est en aucun cas agent de transmission de revenus d'une période à l'autre[1], elle n'est pas un flux, mais un stock ; elle n'est pas une consommation différée et ne se transforme jamais en bien de consommation final[2]. En revanche, il est certain aussi que la pelle participe, de par son utilisation, à la formation d'un nouveau produit en même temps que d'un nouveau revenu. Puisque nous utilisons la notion de gain de productivité, nous raisonnerons dans la perspective où, dès lors qu'il utilise la pelle, Robinson Crusoé donne naissance à un revenu plus élevé que sans la pelle. Il se pose alors une question unique : la pelle permet de produire plus d'orge et de riz [Defoe, 1719, 2003, p. 151], ne peut-on dire alors que, d'une manière générale, les instruments de production sont productifs de revenus ?

Pour saisir le caractère productif de la pelle, nous pouvons raisonner indifféremment en termes d'orge ou de riz, la logique des choses étant la même pour les deux produits, qui sont pourtant hétérogènes entre eux. Nous reviendrons sur ce dernier point plus loin. Raisonnons d'abord en termes de production d'orge.

Supposons qu'avant usage de la pelle, Robinson Crusoé produisait 10 unités d'orge et que, grâce à l'utilisation de la

---

[1] À nouveau, il faut bien garder à l'esprit que nous ne raisonnons pas en termes de valeur.

[2] Au pied de la lettre, en tant que capital instrumental, comme le dit Marx, elle est du « travail mort », et chacun le sait : la mort ne transmet pas de vie.

pelle, il obtient maintenant 30 unités d'orge. Peut-on dire que le travail produit toujours 10 unités d'orge et que la pelle produit 20 unités d'orge ?

Première remarque : les conditions de la production de l'orge avec usage de la pelle ne sont plus les mêmes que celles en vigueur sans pelle.

Deuxième remarque : le travail appliqué à la fabrication de la pelle n'est pas comparable avec celui de la production de l'orge avec la pelle. On ne peut donc pas faire la somme des deux travaux.

Troisième remarque : le travail avec pelle est plus complexe que le travail sans pelle. Or, on ne sait pas exprimer, en termes physiques, le travail complexe en unités de travail simple.

Quatrième remarque : la pelle et le travail se déterminent l'un l'autre. Sans le travail, la pelle ne fonctionne pas. Sans la pelle, le travail avec pelle n'existe pas non plus.

De plus, si l'on veut évaluer la productivité de la pelle, il faudrait intégrer au calcul la production du riz, or il n'y a aucune raison pour que les proportions soient les mêmes que pour l'orge. Si, sans pelle, il produisait 15 unités de riz et qu'avec pelle, il en produit 30, on ne peut évidemment pas attribuer à la pelle la production de 20 unités.

D'autre part, quand bien même l'orge et le riz se mesurent en kilogrammes, l'orge et le riz sont des biens hétérogènes et rien n'indique qu'un kilo de riz soit économiquement équivalent à un kilo d'orge, puisqu'ils ne renvoient pas aux mêmes conditions de production.

L'apport de la pelle est indéniable. Toutes choses égales par ailleurs, elle participe à l'augmentation du revenu de Robinson Crusoé. La logique nous impose de conclure que les instruments de travail sont productifs de revenus ; grâce à la pelle, Robinson Crusoé peut consommer plus. Ce que l'on peut exprimer autrement en disant que grâce à l'utilisation de la pelle, il dispose d'un pouvoir de consommer supérieur à ce qu'il était avant.

Dire que la pelle est productive n'implique pas du tout que l'on puisse physiquement séparer la productivité des instruments (capital dans nos économies contemporaines) de celle du travail, à l'instar de ce que prétendent faire les néoclassiques en construisant des fonctions de production. Il nous semble en revanche que les arguments développés par les keynésiens du Cambridge britannique, Robinson, Pasinetti, Sraffa, etc., sont dans leur ensemble tout à fait pertinents. On ne peut déterminer sur des critères de conditions matérielles de fabrication ce qui devrait être attribué aux instruments (capital) et ce qui devrait être attribué au travail. En revanche, si l'on observe que Robinson Crusoé dispose de plus de produits consommables après utilisation de la pelle qu'avant, nous pouvons dire que la pelle est indéniablement productive, non pas en soi, mais en tant que moyen de production. La pelle participe directement de l'émission réelle de Robinson Crusoé. Cependant, étant donné qu'outils et travail sont indissociables au regard du produit, l'un n'existant pas sans l'autre, la partition du produit sur la base de ses causes, travail et instrument de travail, ne s'impose pas techniquement, ou si l'on préfère physiquement, à Robinson Crusoé. C'est lui qui décide, et seulement lui, au regard des conditions générales et particulières de production et de reproduction, de ce qui est quantitativement attribuable à la pelle et ce qui l'est à son travail. Il ne fait cette répartition qu'au regard de son revenu. Cela revient à dire que pour évaluer la productivité de la pelle, il faut évaluer l'orge et le riz dans la même unité homogène. Pour traiter de cette question sans entrer dans d'innombrables complications, nous raisonnerons sur la base d'une unité de galette, qui peut fort bien être composée de farine d'orge et de farine de riz ! Et c'est de cette évaluation que pourra découler la part qui peut être attribuée au travail et celle qui peut l'être à la pelle. C'est en fait Robinson Crusoé qui en décide socialement et au regard de l'amortissement de la pelle. Mais, sa décision suppose qu'il mesure les choses, autrement dit, qu'il se donne une unité numérique qui lui permette de comparer économiquement des produits physiquement hétérogènes.

L'ÉMISSION MONÉTAIRE DU PRODUCTEUR ISOLÉ

D'une façon générale, l'exercice d'un travail peut être qualifié de production, non seulement au regard de la création de formes supposées utiles, mais aussi de leur usage. Hayek écrivait : « J'utiliserai toujours le terme de production dans son sens le plus large, englobant toutes les opérations nécessaires pour amener les biens entre les mains du consommateur. » [Hayek, 1975, p. 100]. Notons qu'ici, nous parlons d'économie et non de physiologie. Phénomène économique, la consommation est définie à l'instant où le produit sort du processus productif. Par consommation, il faut donc comprendre : appropriation finale de biens ou de services. L'usage des objets peut durer plus ou moins longtemps, l'appropriation est instantanée.

En termes économiques, production et consommation étant les deux faces du même mouvement, elles sont conjointement déterminées dans un même et unique instant.

Robinson Crusoé consomme sans délai les produits auxquels il donne naissance. Les utilités qu'il forme, pour peu qu'elles soient directement consommables - ce qui ne serait pas le cas du blé gâté ou d'un outil - sont sans délai converties en valeur d'usage, et cette conversion marque l'achèvement du processus d'appropriation dans lequel il s'est engagé. Pour dire que Robinson consomme ses galettes, il n'est nul besoin de le regarder manger. C'est parce qu'il dispose finalement des produits que son travail prend un sens. « C'est, en effet, la marque de tout travail de ne rien laisser derrière soi, de voir le résultat de l'effort presque aussitôt consommé que l'effort est dépensé. » [Arendt, 1983, p. 131-132].

Le processus de formation des richesses économiques est unitaire, production et consommation sont organiquement liées et l'on ne peut observer aucune production sans consommation, ni aucune consommation sans production. « Ramenées à leur essence, production et consommation se définissent l'une par l'autre. » [Dieterlen, 1964, p. 119]. En d'autres mots, la consommation ne peut être déterminée en dehors de sa relation à la production, et la production ne peut être déterminée en dehors de sa relation à la consommation. Le produit du mouvement de cette détermination réciproque est une grandeur : le revenu.

Il se dégage aussi des réflexions de Robinson Crusoé qu'il doit compter, il doit évaluer sa capacité de travail au regard de son aboutissement. La peine, l'effort, en un mot, le travail étant abouti, le produit se présente comme un crédit réel pour Robinson, mais si le travail est abouti, c'est que Robinson Crusoé consomme le produit, ce qui fait que celui-ci s'annonce comme un débit réel faisant immédiatement face à son crédit réel. D'un point de vue économique, la production occasionne une dépense avec effet positif, puisqu'elle fait naître un produit, alors que la consommation est une recette avec effet négatif, qui détruit les produits utiles en les convertissant en valeurs d'usage. L'objet créé est le même que l'objet consommé, donc la dépense positive est rigoureusement égale, nous pouvons même dire, à strictement parler, identique à la dépense négative[1]. Production et consommation sont liées par une

[1] C'est de la prise en compte de cette identité que découle la comptabilité en partie double, et non l'inverse comme le prétendent

relation d'équivalence. Cette équivalence ne résulte en aucun cas d'un ajustement entre une offre et une demande. Étant seul sur son île, Robinson Crusoé n'échange avec personne d'autre qu'avec lui-même. Il est identiquement offreur et demandeur de son produit. Sa demande est effective dans le sens où, d'abord imaginaire, c'est elle qui détermine la quantité de travail et les moyens de production qu'il mobilise. Elle est aussi effective en ce qu'elle est réalisée dès l'aboutissement de son activité, lorsqu'il dispose directement des valeurs d'usage qu'il a formées. Il découle de cela, que la relation production-consommation est une identité qui définit et délimite quantitativement l'activité économique de Robinson.

Production et consommation n'étant pas deux activités séparées, c'est un fait d'observation que Robinson Crusoé convertit sans délai en satisfaction les efforts et la peine que lui occasionne son travail. De par son travail, il procède à des émissions réelles qui consistent en la « [...] création-destruction de la « forme économique » de la matière. Avant le travail, la matière est entièrement « naturelle » ; le travail transforme la matière en valeur d'usage. » [Schmitt, 1984, p. 340].

L'activité économique de Robinson Crusoé est composée d'une double conversion : 1°- celle de son travail en une forme utile, 2°- celle de cette forme utile en valeur d'usage. Autrement dit, le processus complet de production et de consommation s'articule sur des échanges absolus. Robinson Crusoé échange avec lui-même lorsqu'il convertit son travail en produit et aussi lorsqu'il transforme son produit en satisfaction. La relation entre sa production et sa consommation n'est pas relative, l'une n'est pas

---

certains auteurs. Ce n'est pas la comptabilité qui *fait* les identités. La comptabilité en partie double, dont on trouve des traces 3000 ans avant J.C., n'est pas une pure invention des hommes, elle est une découverte de ce qui structure l'activité économique.

rapportée à l'autre, c'est immédiatement une équivalence qui définit le revenu de Robinson Crusoé.

En tant qu'il est une émission, le revenu de Robinson Crusoé n'est pas imaginaire ou psychique, il est réel ou si l'on préfère effectif. Le revenu n'est pas originaire de l'usage des biens et des services comme le prétend Fisher [1911], il résulte du mouvement complet de production-consommation. Quoiqu'il soit instantané, le revenu de Robinson Crusoé est net, tant en sa formation qu'en sa destruction. En sa formation, il est indéniablement un coût de production (sa peine, etc.) qui permet d'obtenir un produit, un gain net. En sa destruction, il consiste en la conversion de la forme utilité en valeur d'usage, c'est donc une dépense du produit (sa satisfaction). Nous pouvons dire que Robinson Crusoé procède à des émissions en ce qu'il introduit des matières dans des formes utiles (production), qui se révèlent telles parce qu'il en sort les matières (consommation) pour en jouir.

Lorsqu'il s'engage dans la réalisation d'un projet, Robinson Crusoé se préoccupe bien entendu de la forme utilité, mais il décide aussi des quantités qu'il veut produire et consommer. Il ne produit pas des galettes en général, mais une certaine quantité de galettes, quantité qui demande un temps de travail déterminé au regard des moyens de production dont il dispose. Son projet se traduit donc par l'établissement d'une relation quantitative entre sa production et sa consommation, et il ne peut faire autrement que sa production égale sa consommation. Si la peine et les efforts d'un côté et la satisfaction de l'autre sont subjectives, il n'en est pas moins vrai que la relation production-consommation est objective. Certes, celle-ci est matérialisée par le produit en sa forme utilité, cependant ce ne sont pas les caractéristiques physiques de ce dernier qui font l'objectivité de la relation. L'équivalence de la production et de la consommation se manifeste par une grandeur objective sans être pour autant figurée par quelque chose de matériel. À ce propos, nous pouvons citer Gottlob Frege : « Je distingue objectif de palpable, spatial, réel. L'axe de la terre, le centre de gravité du système solaire sont objectifs ; je ne peux pour autant les appeler réels comme la terre elle-même. » [Frege, 1884, 1969, p. 153]. Pour reprendre l'expression de Bertrand Russell [1914, 1971, p. 206], nous pouvons écrire que le nombre qui est formé dans l'équivalence de la production et de la consommation est « une grandeur logique » qui n'est ni matérielle ni spirituelle. Pour illustrer cela, disons qu'un centre de gravité se calcule. C'est une grandeur logique que personne n'a jamais vue, et il ne suffit pas d'y penser pour qu'il existe. On peut lui donner une forme matérielle par une représentation graphique, mais ce n'est pas lui que l'on voit. Pourtant, son existence peut être déterminante. Deux motos ayant un centre de gravité à des hauteurs différentes n'auront pas le même comportement dans un même virage. Pour revenir à la sphère économique, l'exemple type de la « grandeur logique », c'est le revenu en ce qu'il est une somme d'unités de monnaie[1].

On pourrait encore penser que la question de l'équivalence peut être traitée en conservant la logique des analyses en termes d'échange relatif, c'est-à-dire en rapportant les efforts à la satisfaction ou l'inverse. Pour qu'il y ait détermination relative, encore faudrait-il que les deux choses en présence aient une mesure cardinale, or ce n'est pas le cas. On ne connaît pas d'unité de mesure homogène de l'effort, ou d'une manière générale du travail[2]. La satisfaction ne connaît pas non plus d'unité de

---

[1] L'unité de monnaie étant elle-même une grandeur logique, nous l'avons dit.

[2] On connait les vains efforts de Marx dans la recherche de la réduction du « travail complexe » en unités de « travail simple » [Marx, 1867, 1965].

mesure homogène. Une quantité de satisfaction ne peut donc être rapportée à une quantité de travail. Finalement, aucun rapport de détermination objective réciproque ne peut être établi entre le travail et la satisfaction. L'équation qui lie la production et la consommation ne peut être exprimée ni en unités d'effort ni en unités de satisfaction, ni même dans leur rapport. Tout le monde peut en convenir, Robinson Crusoé ne procède pas à des échanges relatifs avec lui-même.

Robinson Crusoé ayant récupéré des pièces de monnaie dans le bateau, il pourrait utiliser celles-ci pour matérialiser la mesure de son activité. Or, cette monnaie « exogène » ne lui est d'aucune utilité. « J'avais, [...] une petite somme de monnaie, tant en or qu'en argent [...] : hélas ! Ce triste tas gisait là inutile ; je n'en n'avais que faire. » [Defoe, 1719, 2003, p. 179]. Cet or et cet argent sont étrangers à son activité et ne peuvent à aucun moment être intégrés à son économie en tant que monnaie. L'or et l'argent ne sont impliqués ni dans sa production ni dans sa consommation, et ils ne ressortissent en rien au processus pouvant déterminer en quoi que ce soit son existence sur son île.

Pour mesurer, il faut s'abstraire des conditions physiques ou psychiques de la production et de la consommation. L'équivalence de la production et de la consommation est de nature logique. Cela transparaît nettement lorsque Vendredi s'installe sur l'île. À ce moment, s'instaure la division du travail, donc une nouvelle relation de Robinson Crusoé à son activité productive et à ses produits, et qui tient compte de l'existence active de Vendredi ; aussi bien de sa contribution à la production que de sa consommation[1], en bref, de sa propre équivalence. Toutefois, entre Vendredi et Robinson, il ne s'établit pas de relations marchandes au sens où ils se transféreraient réciproquement leurs produits. Ils n'ont pas besoin

[1] Voir Defoe [1719, 2003, p. 266].

d'homogénéiser leurs productions-consommations respectives au moyen d'une numération explicite, et ils ne créent pas non plus de signes monétaires. Chacun dépose son produit dans le pot commun, sans distinction d'origine, au sein duquel chacun puise les valeurs d'usage qu'il consomme. Leurs produits sont néanmoins socialement indifférenciés, et l'on peut percevoir que chacun consomme ce qu'il a produit, quand bien même c'est sous la forme de valeurs d'usage auxquelles l'autre a donné la forme finale. Le principe (le circuit) de l'équivalence individuelle production ≡ consommation est respecté, à la fois sur chacun et sur l'ensemble[1].

Nous l'avons dit, chaque produit est l'objet du produire et du consommer, il est leur identité, et, en même temps, il marque l'existence d'une relation d'équivalence entre la production et la consommation du producteur. On peut alors penser qu'en mesurant les produits, nous aurons la mesure de l'équivalence. Il est certain que cette dernière ne peut être mesurée en unités d'utilité, on ne connaît pas d'unité de mesure de l'utilité.

Répétons-le, ce qu'il s'agit de mesurer ici, ce n'est ni le produit en soi, ni la production ni la consommation séparément, mais la relation production ≡ consommation[2]. Schmitt affirme : « Dès que le travail est apparu, la monnaie était présente au sein de l'émission. Qu'est-ce que la monnaie, sinon l'équivalence de la production et de la consommation ? » [Schmitt, 1984, p. 340], sachant, ainsi que nous l'avons déjà cité : « […] la monnaie était de tout

---

[1] Le fait que Robinson Crusoé traite Vendredi comme son serviteur ne change rien au fait qu'il s'établit une relation d'équivalence économique sur chacun. Defoe n'évoque pas la question d'une éventuelle répartition hiérarchique de ce qui est produit.

[2] Le lecteur peut voir ici la portée analytique de la distinction entre valeur et revenu que nous avons faite au début de ce travail. Le concept de valeur renvoie à des mesures séparées (stock), pas le revenu, qui est au contraire l'unité des deux.

temps présente dans le travail de l'homme, à l'intérieur de l'émission réelle. » [Schmitt, 1984, p. 341]. Pour saisir la monnaie dans l'émission réelle, il nous faut donc revenir sur la question de l'émission de Robinson Crusoé.

Nous retenons la définition du dictionnaire où il est écrit que produire, c'est « Faire exister (ce qui n'existe pas encore) » [Petit Robert, 1979, p. 1537]. En un mot : créer. En vérité, ce que crée Robinson Crusoé, c'est à proprement parler une équivalence, et uniquement l'équivalence de sa production et de sa consommation. Cette équation n'est pas le résultat de la mise en correspondance d'objets particuliers avec les produits physiques obtenus. En effet, « Il est superflu que l'équivalence s'exerce à travers un objet qui s'inscrive dans le temps. » [Schmitt, 1984, p. 340], puisque ce qui est produit est immédiatement consommé. L'équivalence est logique.

La production-consommation est un phénomène ondulatoire, une création-destruction. Lorsqu'il fabrique des objets, Robinson Crusoé dépense de l'énergie, mais cette dépense, ce débit énergétique se traduit par un gain, puisque convertie en un produit dont il se crédite. Comme l'on dit en langage ordinaire : « il est payé de ses efforts ». Cependant, ce n'est pas là la finalité de la production. L'aboutissement du processus est la consommation, autrement dit le moment où le produit est converti en valeur d'usage, ce qui se traduit par sa destruction. En termes comptables, Robinson est débité du produit en sa forme utilité, alors qu'il est crédité des valeurs d'usage desquelles il tire une certaine satisfaction. Peu importe la nature du produit et l'unité en laquelle il est physiquement mesuré, cette loi est toujours vérifiée sur tout producteur considéré individuellement. Pour autant que la monnaie soit « Une opération de bilan » Minsky [1986], cité par Wray [1990, p. 267], nous pouvons dire que Robinson Crusoé émet sa propre monnaie. Et, pour ce faire, il n'a pas besoin d'écrire des formes numériques, ni d'utiliser des objets à part de ce qu'il produit pour représenter sa monnaie, puisqu'il n'échange avec personne, et que « Les vérités des nombres sont en nous… » [Leibniz, 1765, 1915, p. 171].

La monnaie étant « à l'intérieur de l'émission réelle », s'il produit 20 galettes et qu'il veut établir le bilan de son activité, il inscrira 20 galettes à son actif, mais les galettes étant immédiatement converties en valeurs d'usage - puisque c'est là l'aboutissement du processus - il inscrit dans le même mouvement 20 galettes à son passif. Ceci, parce qu'au vu de son projet de consommer 20 galettes, il se doit les 20 galettes qu'il se livre. Les 20 galettes ne sont pas la monnaie, elles sont sa teneur. Sans les galettes, il ne pourrait établir le bilan de quoi que ce soit[1]. Les 20 galettes sont une caractéristique parmi d'autres de la forme utilité produite, une dimension des galettes en tant que valeurs d'usage, et, contrairement à ce qu'affirme Graeber [2011] à la suite de Innes [1913] et des tenants du circuit circulation, la monnaie n'est pas une dette nette. En effet, participant de l'émission réelle, elle ne peut exister en dehors de l'émission même des 20 galettes, autrement dit, ni avant ni après la réalisation du projet. Ainsi que l'écrivait Keynes, il ne faut pas confondre le ticket de théâtre avec la représentation elle-même, ou encore la promesse avec l'objet de la promesse. En réalisant son projet, Robinson Crusoé tient sa promesse et ne forme aucune dette objective nette. Pour qu'une telle dette existe, il faudrait qu'il ne se livre pas les produits, or cela est tout à fait impossible, puisque ceux-ci existent en tant que tels dans l'instant même où il se les livre. La monnaie étant l'équivalence[2] de ce qui est produit et de ce qui est consommé, lorsque l'on fait le bilan de Robinson Crusoé, nous pouvons voir que ce qui est produit est inscrit à son actif, mais, étant donné qu'il

[1] Au même titre que sans masse, il n'y a pas de centre de gravité.
[2] La monnaie ne peut donc être une dette !

consomme immédiatement son produit, celui-ci est aussi inscrit à son passif. En bref, la monnaie émise par Robinson Crusoé, l'équivalence de sa production et de sa consommation, est un actif-passif, une richesse nulle, donc ni une créance nette ni une dette nette. « Par définition, écrit Bernard Schmitt, la monnaie est un actif et identiquement un passif, autrement dit un actif-passif. » [Schmitt, 1975, p. 13].

Nous avons raisonné sur la production de galettes, or Robinson Crusoé produit d'autres choses, il forme des relations d'équivalence sur d'autres productions, comme une cueillette par exemple. On peut encore penser avec Marx que : « Considéré dans l'acte même de la production, le travail de l'individu est la monnaie avec laquelle il achète immédiatement le produit, l'objet de son activité particulière ; mais c'est une monnaie *particulière* qui précisément n'achète que ce produit *déterminé.* » [Marx, 1857-1858, 1968, p. 224][1]. Il est certain que Robinson Crusoé produisant plusieurs choses, il achèterait ces choses avec des travaux distincts, donc par nature hétérogènes, même s'ils sont de même durée. Les différentes tâches exécutées par Robinson Crusoé peuvent être plus ou moins complexes, leur durée ne peut être leur mesure. On le sait, les différents travaux ne peuvent être ramenés à une unité commune autrement que par leur mise en relation avec une monnaie à travers leur rémunération[2], donc une unité de mesure autre que le temps. Quand bien même cela reste subjectif pour Robinson Crusoé, nous pouvons estimer qu'au vu de ses divers besoins, il procède, sur lui-même, à

[1] Ici, Marx parle bien de « monnaie » et non pas « d'argent ». Remarquons que bien souvent les auteurs qui se réclament de sa pensée confondent les deux notions, ce qui est source de grandes confusions analytiques.

[2] On sait les vains efforts de Marx pour expliquer la réduction du « travail complexe » en unités de « travail simple » et la manière dont il évacue la question en renvoyant à la production de l'or.

des « échanges d'activités » [Marx, 1857-1858, 1968, p. 225] évalués en termes d'équivalences ; en production-consommation. Si l'unité de mesure de la production était le temps, il faudrait alors que l'unité de mesure de la consommation (ou des besoins) soit aussi le temps, ce qui bien entendu n'a pas de sens. L'équivalence n'est pas une dimension dans le temps, ni un rapport de dimensions temps. Pour choisir d'effectuer telle ou telle activité, Robinson Crusoé se donne inévitablement une échelle des équivalences qui renvoient à des nombres.

Bien qu'il bénéficie d'un revenu qu'il consomme sans délai, Robinson Crusoé n'a créé ni détruit aucune matière. La loi de Lavoisier est respectée ; celle de Say l'est aussi, puisqu'il est offreur-demandeur sur lui-même, sa demande ne peut être différente de son offre et *vice versa*. En tant que travailleur isolé, Robinson Crusoé procède à des échanges sur lui-même avec lui-même. Il convertit son travail en satisfaction, il ne procède donc pas à un troc avec lui-même, puisqu'il ne se transfère pas de la satisfaction contre du travail ; sa main droite n'est pas dans une relation de troc avec sa main gauche. Son travail n'est pas déterminé relativement à sa satisfaction et sa satisfaction n'est pas déterminée relativement à son travail. La relation production-consommation est une identité. Elle résulte de conversions et non de transferts, les deux termes ne se déterminent pas l'un relativement à l'autre. Autrement dit, en tant qu'agent économique, Robinson Crusoé procède à des échanges absolus et uniquement à des échanges absolus.

Cependant, la monnaie est bien là, dans l'identité de l'actif et du passif. Elle n'est pas introduite ou « intégrée » dans l'émission réelle dont elle serait d'abord absente, elle n'est pas un objet additionnel ou exogène, elle est toujours partie prenante des projets de production réalisés. « Dès que la monnaie est perçue dans l'émission, la pensée échappe à l'opinion la plus répandue, qui voudrait que l'échange monétaire soit conclu entre deux « partenaires ». En fait, le travailleur opère tout seul un échange parfait. » [Schmitt, 1984, p. 341].

Si Robinson Crusoé entrait en relation avec d'autres pour échanger ses produits, il se présenterait d'emblée en tant qu'émetteur de monnaie face à d'autres émetteurs de monnaie. Ces diverses monnaies présentent un caractère commun, elles sont des nombres, aussi pouvons-nous dire qu'une condition nécessaire est réalisée pour que les productions-consommations des divers intervenants sur le marché soient exprimées en une unité numérique commune, un langage commun[1]. Toutefois, cette condition n'est pas suffisante. Pour que les échangistes se payent, il faut que chaque monnaie individuelle soit convertie en la monnaie ayant cours dans l'espace économique considéré. Il faudra donc que les produits de chacun soient monétisés « une deuxième fois », mais cette fois, de « l'extérieur » en tant que contribution à la formation du revenu de la collectivité dans le cadre de la division générale du travail. C'est lors de cette seconde monétisation qu'apparaît « l'argent », c'est-à-dire une monnaie dotée d'une teneur indifférenciée, ce n'est pas « une monnaie *particulière* » [Marx, 1857-1858, 1968, p. 224] attachée au produit particulier d'un individu particulier. Chaque produit de chaque membre de la collectivité est teneur de la monnaie de la collectivité. Cette monnaie n'est plus spécifiquement attachée au produit particulier de l'un ou de l'autre, elle est la forme indifférenciée de tous les produits. C'est là l'une des raisons pour lesquelles on peut lui appliquer le vocable d'argent. Celui qui en est doté dispose d'un pouvoir d'achat général. L'autre raison étant qu'elle existe du fait de la distanciation dans le temps continu entre la production et la

[1] Les aspects techniques du processus qui permet d'atteindre ce langage commun ne relèvent pas de notre analyse.

consommation, elle est d'emblée impliquée dans une opération financière. Déposée, elle est un actif financier. La seconde monétisation suppose l'intermédiation d'une institution quelconque, qui impose des règles qui se traduisent par l'obligatoire mise en correspondance des monnaies individuelles[1] sur les marchés. Analysons cela de manière plus précise.

---

[1] À regarder les choses de près, on peut saisir que la mise en place de monnaies locales suit la même logique que celle qui lie la monnaie individuelle et la monnaie sociale, même si aujourd'hui la démarche pratique (idéologique) est presque toujours de sens opposé.

CHAPITRE 2

L'ÉCHANGE ENTRE PRODUCTEURS INDIVIDUELS

Dès l'instant où son activité s'inscrit dans la division générale du travail et, donc, qu'il établit des relations d'échange avec les autres, chaque producteur est soumis à la disjonction de sa production et de sa consommation dans le temps continu. On peut alors se demander si cela ne remet pas en question le principe de l'échange absolu que nous avons dégagé dans le premier chapitre.

LE TROC : LE PRODUIRE SUPPOSÉ SÉPARÉ DU CONSOMMER

Lorsqu'ils raisonnent à partir de « l'homme primitif », comme nous l'avons fait avec Robinson Crusoé, les économistes le voient comme une unité spatiotemporelle productrice-consommatrice. Dès qu'ils le considèrent dans la société, ils le représentent en deux entités séparées : offreur d'un côté et demandeur de l'autre. Les analyses se développent alors comme si le fait d'être en position de disposer de biens et de services fabriqués par d'autres, pouvait modifier la nature de l'activité de chaque producteur individuel. L'idée généralement retenue est que les échanges se font en raison de ce que les individus disposent de surplus qu'ils ne consomment pas. Adam Smith écrit : « La division du travail étant généralement établie, chaque homme ne produit plus par son travail que de quoi satisfaire une très petite partie de ses besoins. La plus grande partie ne peut être satisfaite que par l'échange du surplus de ce produit qui excède sa consommation, contre un pareil surplus du travail des autres. » [Smith, 1776, 1991, p. 91]. Cette idée est énoncée au début de pratiquement tous les manuels d'économie, et particulièrement de micro-économie.

Si l'objet de l'échange (troc) est un excédent, c'est parce que je l'ai produit, mais ne le consomme pas, donc que sur moi-même mon offre est supérieure à ma demande. Si je veux échanger un excédent, il faut que je trouve quelqu'un d'autre qui dispose d'excédents, or ce n'est pas parce que j'ai produit plus que ce que je consomme qu'un autre individu fera de même, etc. Nous sommes là dans la confusion la plus totale entre des phénomènes physiques et des relations économiques. Nous pouvons relever que toute la théorie néoclassique prétend se référer à la loi de Say, alors qu'en fait, l'analyse en termes d'équilibre de l'offre séparée de la demande s'inscrit en contradiction avec cette même loi. La loi de Say n'est pas un principe d'équilibre, mais une loi d'identité.

Pour les classiques, du fait de la division du travail, il y aurait une sorte de fragmentation des êtres qui, devenant agents économiques, seraient des offreurs nets ou des demandeurs nets et non plus identiquement des offreurs-demandeurs. Alors que chez l'homme primitif isolé, production et consommation forment une unité, chez le civilisé, production et consommation définiraient deux espaces physiquement disjoints. Nous tenons pour preuve de cela l'infrastructure conceptuelle de la microéconomie. Dans ce cadre, en effet, sont construites d'un côté des fonctions de production, qui ne comportent aucune information sur la consommation et, de l'autre côté, des fonctions de consommation ignorant tout de la production.

Ainsi, l'agent économique, quoique supposé rationnel, serait schizophrène ; lorsqu'il produit, il ne sait pas qu'il est consommateur et lorsqu'il consomme, il a oublié qu'il a produit. Cette approche tout à fait irréaliste nourrit la « fable du troc » [Servet, 1988, 2012], c'est-à-dire la représentation de relations de marché qui n'existent pas : « Les marchés ne sont pas réels. Ce sont des modèles mathématiques, que l'on crée en imaginant un monde fermé où chacun a exactement les mêmes motivations et les mêmes informations et se livre au même type d'échange calculateur et intéressé. Les économistes savent bien que la réalité est toujours plus complexe ; mais ils savent aussi que, pour avoir un modèle mathématique, il faut toujours voir le monde un peu comme une bande dessinée. » [Graeber, 2013, p. 140][1]. Dans ces modèles, les individus sont supposés procéder à des échanges relatifs, puisque l'on admet que si l'un dispose d'une marchandise fabriquée par un autre, c'est qu'il a lui-même cédé une marchandise ou de la monnaie pour une valeur équivalente. Les marchés seraient des lieux de transferts, et les paiements ne seraient pas des opérations finales, mais des transmissions de richesses à l'issue desquelles chacun serait aussi riche après qu'avant l'échange, quand bien même la forme de ses avoirs a changé. Dans une économie d'échanges relatifs, on ne pourrait observer ni la création ni la destruction de quelque revenu objectif [Fisher, 1906, 1911] que ce soit. À proprement parler, ce type d'analyse ne laisse aucune place pour qu'existe un revenu, puisque dans un tel monde les relations économiques se traduiraient toutes par des

[1] Par d'autres voies, fondées sur une analyse logique, Bernard Schmitt montre que « Nor Relative Exchange or Relative Prices are to be Found in the Real World » [Schmitt, 2012, p. 24].

mouvements de stocks[1]. C'est de cette absence de revenu net dans l'analyse, que découle la conception de l'agent économique comme étant constitué de deux entités disjointes : le consommateur et le producteur. Or, si une telle hypothèse est mathématiquement commode, elle n'est jamais vérifiée dans les sociétés humaines.

Plaçons-nous maintenant dans la perspective où chaque producteur n'a plus pour projet de produire tout ce dont il a besoin et que ce dont il a besoin, mais où il compte sur d'autres pour lui fournir des biens et des services qu'il ne fabrique pas lui-même et pour fournir à d'autres ce dont ils ont besoin. L'échange entre les membres d'une société ne peut être qu'un rapport tripolaire, et d'une manière générale, le troisième pôle serait la langue, ou au moins un langage commun qui peut être très rudimentaire. Au plan étroitement économique, le troisième pôle de l'échange est la monnaie instituée. Aussi loin que l'on remonte dans l'histoire des sociétés humaines, on constate l'existence d'institutions de nature politique, religieuse et monétaire qui imposent une unité monétaire sur un territoire donné. Nous laissons aux historiens l'explication de la forme et de la manière dont les monnaies « officielles » furent instituées dans la société. Pour notre part, nous retiendrons que toute monnaie officielle assure le rôle de langage numérique commun aux membres de la collectivité considérée, tant elle est un nombre auquel on attribue un nom : « [...] le mot franc est le nom d'une chose qui n'existe pas. » [Walras, 1900, 1952, p. 153]. Il est clair que les produits ne peuvent pas être échangés contre la monnaie « sociale », qui, en tant qu'elle est un nombre, n'est pas un des termes de l'échange.

---

[1] Mouvement qu'il ne faut pas confondre avec un flux. Un mouvement de stock est le déplacement de quelque chose qui existe déjà. Un flux est un processus de création-destruction.

L'ÉCHANGE DANS UNE ÉCONOMIE SANS BANQUE[1]

Nous venons de voir, avec Robinson Crusoé, que chaque producteur émet sur lui-même sa propre monnaie, cependant celle-ci n'est pas nécessairement à même de permettre la mise en relation de sa propre production avec celle des autres. Pour pouvoir participer à l'échange généralisé, il est nécessaire qu'il exprime dans le langage commun l'équivalence production-consommation qu'il a formée sur lui-même. Il se doit donc, dans le cours même de son activité productive, de convertir sa monnaie individuelle en monnaie « sociale ». Cela revient à dire qu'il est nécessaire qu'il y ait une seconde monétisation de ses produits, maintenant dans l'espace social, et ce ne peut être qu'au moment où il échange avec d'autres. Il faut qu'il mette sa propre production à la portée des autres et, en même temps, qu'il se positionne afin de pouvoir se procurer des biens et des services produits par d'autres.

L'échange généralisé suppose que chaque producteur qui a émis sa propre monnaie, convertisse celle-ci, non pas en chaque monnaie individuelle des autres, ce qui reviendrait à faire du troc de monnaie, mais en une monnaie « sociale » supérieure en laquelle sont exprimés tous les prix dans la collectivité considérée. Il est certain que cette seconde monétisation ne pourra être réalisée que sur le marché des produits, puisque l'activité du producteur sera socialement validée lors de la vente[2] des biens qui sont alors

---

[1] Donc sans marché financier. C'est d'ailleurs le cadre généralement retenu dans les modèles d'inspiration néoclassique qui, à la suite de Walras, considèrent ce marché comme « superfétatoire » dans l'analyse de l'équilibre général.

[2] Marx exprime les choses de la manière suivante : lors de la vente, « La valeur de la marchandise saute de son propre corps dans celui de l'or. C'est son saut périlleux. S'il manque, elle ne s'en portera pas plus mal, mais son possesseur sera frustré. » [Marx, 1867, 1965, p. 645]. Ce

« intégrés dans l'économie monétaire. » [Schmitt, 1984, p. 338]. Cette intégration légitime l'activité du producteur individuel comme étant une composante de la division générale du travail. Elle met les produits, c'est-à-dire les équivalences production-consommation de chacun, dans la forme de la monnaie sociale, et en relation avec les équivalences des autres[1]. En raison même de cela, les transactions sont possibles dans le respect du principe de l'échange entre équivalents. C'est qu'en effet, chaque producteur indépendant fait comme Robinson Crusoé : il évalue le bienfondé de l'emploi de son temps, de son énergie et des moyens de production dont il dispose au regard de ce qu'il envisage d'en tirer. Ici, l'évaluation n'est pas interne, elle est inscrite dans une relation d'équivalence à travers les autres, mais cette relation suppose que s'établisse un rapport quantitatif avec les produits des autres. Or, ce rapport est réalisé grâce à l'intermédiation de la monnaie sociale en ce qu'elle homogénéise les relations de production-consommation de chaque producteur en séparant le produire du consommer dans le temps continu. En quelque sorte, la monnaie sociale porte les produits. Outre qu'elle est unité de compte, elle a une fonction véhiculaire.

Supposons que **A**, qui produit des pommes, veuille échanger ***x*** kilos de pommes avec **B** qui lui propose ***y*** mètres de tissu. Pour que la transaction ait lieu, il faut que nous ayons l'égalité :

x kilos de pommes = ***y*** mètres de tissu.

---

passage de Marx, s'inscrit dans une analyse hors salariat, il est donc erroné d'utiliser cette image de saut périlleux dans une économie salariale où la monétisation sociale se fait avant que les produits soient présentés sur les marchés.

[1] De la même manière que l'on peut observer la coexistence de langues locales ou de patois et d'une langue nationale.

On ne peut transformer physiquement des kilos en mètres. Mais des pommes peuvent être converties en tissu, et *vice versa*, lors d'un échange économique qui est caractérisé par ce que l'on fait abstraction des kilos et des mètres. Pour que la transaction ait lieu, il faut que chacun sorte de sa propre équivalence production-consommation pour la transposer abstraitement dans la relation avec l'autre. Or, chacun appartenant au même espace monétaire, il a pu, dès la production, évaluer, l'un sa production de pomme et l'autre sa production de tissu en monnaie sociale[1]. Ils peuvent donc exprimer les kilos de pommes pour l'un et les mètres de tissu pour l'autre en une unité abstraite, un équivalent général matériel « exogène », qui n'a absolument aucun lien avec la nature des produits échangés[2].

Ainsi, l'échange aura lieu à la condition que chaque produit, objet de l'échange, soit exprimé dans la même quantité de monnaie sociale, à savoir :

x kilos de pommes = **M** et

y mètres de tissu = **M**

Nous sommes dans une économie sans banque, la monnaie « équivalent général » est lancée dans la société par une institution officielle quelconque, le Prince par exemple. Cette monnaie est évidemment matérielle, ce peut être des coquillages. Supposons qu'en raison de son statut social, indépendamment de ce qu'il produit des pommes, **A** reçoive une quantité de monnaie-coquillages d'un montant de **M**. Dans cette opération, il n'y a aucun échange économique, ou en tout cas au regard de la période dans laquelle nous nous trouvons.

La monnaie-coquillage étant acceptée par tous dans les transactions courantes, grâce aux **M** unités de monnaie qu'il

---

[1] Officielle institutionnalisée.

[2] Ce peut être des cailloux, des coquillages ou toutes sortes d'autres choses.

détient, **A** va pouvoir acheter *y* mètres de tissu à **B**. Ce faisant, il permet à ce dernier de se rémunérer pour son travail, et, donc, de donner à son produit, *y* mètres de tissu, la forme numérique de la monnaie sociale. Ainsi est formé et déposé en la monnaie-coquillage le revenu monétaire de **B**. À ce point de l'analyse, le lecteur imprégné de la pensée classique peut avoir l'impression que **A** ne paye pas avec son produit et donc que l'échange des pommes contre le tissu serait décomposé en deux opérations séparées du fait de l'interposition de la monnaie-coquillages. Si cela était le cas, il faudrait alors attendre que **B** paye les pommes avec les coquillages pour que le travail de **A** soit à son tour rémunéré.

En réalité, le fait que les pommes ne soient pas immédiatement payées à **A** n'a aucune conséquence sur la nature de l'opération. D'ailleurs, en toute logique, il est rigoureusement impossible que **B** paye **A** en même temps que **A** le paye. Les deux opérations sont inévitablement distinctes, donc disjointes dans le temps continu, l'une précède l'autre. En revanche, la transaction est, elle, unitaire. Dès que **A** s'engage dans l'échange avec **B**, les *x* kilos de pommes sont déjà mesurés par **M** unités de monnaie-coquillages. Faute de cela, l'échange ne pourrait avoir lieu. Autrement dit, **A** utilise la monnaie-coquillage comme forme numérique des *x* kilos de pommes, le **M** de monnaie-coquillages est la mesure de sa propre équivalence production-consommation convertie en monnaie sociale. Ainsi, **A** convertit concrètement sa « monnaie personnelle » en monnaie-coquillages à l'instant où il paye **B**, et c'est à ce même instant qu'il se rémunère pour son travail. **A** procède à un échange sur lui-même avec lui-même, c'est un échange absolu. On le voit ici, l'échange absolu n'est pas une opération purement individuelle, il a aussi une dimension sociale, macroéconomique, du fait qu'il est réalisé avec la collaboration de **B**. L'échange absolu n'est en rien le signe d'un isolement quelconque des individus.

Lorsque **A** verse **M** à **B**, en raison des égalités que nous avons écrites au-dessus, il cède en réalité ses pommes, en effet, **B** les détient déjà sous la forme de **M**. La preuve en est que lorsque **B** accepte **M** en coquillages pour le paiement de son tissu, ce n'est pas parce qu'il aurait confiance dans le Prince, mais bien plutôt parce qu'il sait que **M** est, entre ses mains, une forme des pommes. Autrement dit, les ***x*** kilos de pommes sont intégrés dans **M** par **A** lui-même au moment même où il paye le tissu de **B** avec la monnaie-coquillages, **B** est impliqué dans l'échange absolu que **A** réalise sur lui-même. En payant le tissu avec la monnaie-coquillages, **A** émet son propre revenu, celui en lequel est aboutie sa production de pommes. Il consomme en fait très précisément ***x*** kilos de pommes, bien qu'il ne conserve pas par devers lui les pommes sous formes de valeurs d'usage. Les valeurs d'usage dont il dispose sont les mètres de tissu. En d'autres mots, il consomme ***x*** kilos de pommes sous la forme de ***y*** mètres de tissu. La preuve de cela est que **B** lui reverse **M** pour obtenir physiquement les pommes. Il y a conversion de pommes en tissu et de tissu en pommes.

La fortune de **A** n'a pas augmenté par rapport à ce qu'elle était avant l'échange, au contraire, elle a diminué. Avant la transaction avec **B**, **A** détenait ***x*** kilos de pommes dont la valeur est **M** et **M** en monnaie-coquillage, donc **2M**. Après la transaction, il ne détient plus que **M** de monnaie-coquillage. C'est donc qu'il a dépensé **M** de manière finale, or comme il détient les coquillages, c'est qu'il a dépensé « le » **M** dans lequel étaient inscrites les pommes. Finalement, **A** retrouve la monnaie-coquillage qu'il a reçue pour des motifs sociaux, mais il a consommé ce qu'il a produit dans la période considérée, il a détruit son revenu courant. Les coquillages qu'il détient ne sont dotés d'aucun pouvoir d'achat tant qu'il n'a pas à nouveau produit.

Nous pouvons exprimer les choses autrement en nous plaçant du point de vue de **B**. Lorsqu'il se porte acheteur des ***x*** kg de pommes en payant avec les **M** en monnaie-coquillage que lui a versé **A**, **B** « réalise » son propre revenu de production en consommant la forme monétaire sociale de son propre produit. Il détruit son revenu en détruisant la forme monétaire du tissu qu'il a produit. Il consomme donc son tissu lorsqu'il obtient des valeurs d'usage, des biens économiquement consommés, à savoir les pommes. Avant la transaction, il détenait **M** sous forme de tissu. Après la transaction, il ne détient plus aucune valeur, ni sous la forme de tissu ni sous celle de monnaie-coquillage, c'est donc qu'il a consommé **M**, c'est-à-dire ce qu'il a produit. **B** consomme son produit, et dans la même transaction, **A** consomme le sien.

La monnaie-coquillages, en tant qu'elle est composée d'objets qui ne sont produits ni par **A** ni par **B**, n'est consommée ni par **A** ni par **B**, elle n'est pas un des termes de l'échange entre **A** et **B**. Cependant, elle s'impose comme l'intermédiaire nécessaire, ce qui fait que l'institution émettrice de la monnaie-coquillages, que nous avons appelé le Prince, participe de fait à la réalisation des transactions entre les producteurs en leur permettant de doter leurs produits d'une forme quantitative sociale et indifférenciée. Dans toute économie dotée d'une monnaie sociale, les échanges ne se font pas par de simples transferts en vis-à-vis. Ils ne peuvent donc être de la nature de trocs, puisque sont impliqués trois intervenants dont l'un n'est pas échangiste.

Finalement, en raisonnant en termes de revenus, nous pouvons voir que dans l'économie où circule une monnaie-coquillage, les coquillages ne s'ajoutent pas aux pommes et au tissu pour former le produit national de la période courante[1]. Et si les coquillages ne sont pas détruits, c'est qu'ils ne ressortissent pas au revenu de la période, ni pour l'un ni pour l'autre. La monnaie matérielle est unité de compte et « véhiculaire » des produits lors des paiements, c'est en raison même de cela qu'elle permet aux deux échangistes de disposer de valeurs d'usage autres que celles qu'ils ont fabriquées. Parce qu'elle devient forme des produits, certes de manière très éphémère, la monnaie matérielle joue pleinement et uniquement un rôle de monnaie au moment de l'échange. Qu'elle soit de coquillages ou d'autres matières, elle n'est pas un produit intermédiaire qui viendrait rompre un troc. Elle est spécifiquement monnaie, unité de compte et moyen de paiement, car elle est présente dans les échanges en tant que forme des produits et non pas comme matière ou produit elle-même. Cela tient à ce que les échanges sont des relations humaines qui s'établissent entre producteurs par l'intermédiaire de leurs produits et non pas l'inverse. Les humains ne sont pas de simples intermédiaires porteurs de marchandises[2]. Aussi, les échanges entre travailleurs indépendants ne sont-ils pas de la nature de trocs ou, si l'on préfère, de manière synonyme, d'échanges relatifs. Les transactions réalisées sur les marchés ne sont que le prolongement de la conversion de ses capacités productives en produits, que chacun a entrepris dès qu'il s'est engagé dans une nouvelle production.

---

[1] Nous retrouvons là, bien entendu, l'idée de la « grande roue de la circulation » de Adam Smith.

[2] Même si le phénomène du « fétichisme de la marchandise » tend à donner de l'activité humaine une représentation de ce type, au point que les thèses néoclassiques, aujourd'hui encore très dominantes et, sur ce point, souvent partagées, sont fondées sur un tel postulat. Nous verrons plus loin que, dans le capitalisme, cette inversion des rapports entre les humains et leurs produits est concrètement pratiquée dans certains secteurs, mais ce n'est pas l'ordre « naturel » des choses.

Notons que ce n'est pas **M** qui circule, mais les coquillages. Dans leur économie, **A** et **B** ont émis à eux deux un produit total de **2M.** Chacun a émis sa propre monnaie qui est convertie en monnaie officielle sur le marché des produits. La conversion ne modifie pas le nombre d'unités de monnaie que chacun a émis sur lui-même. Quelles que soient les quantités que représentent ***x*** et ***y***, ils ont émis **2M** unités de monnaie, et le revenu total de la société qu'ils composent est de **2M**. Chacun consomme son propre revenu, dont le montant est de **M**, aucun ne s'approprie ni ne peut s'approprier dans l'échange une partie du revenu de l'autre, ce qui n'est pas le cas dans les économies salariales. Nous reviendrons sur ce point plus loin. Pour l'heure, analysons l'échange entre travailleurs indépendants dans une économie où il existe un système bancaire.

L'ÉCHANGE DANS UNE ÉCONOMIE AVEC BANQUE

Ici, du strict point de vue des échangistes, les choses ne sont pas très différentes de ce que nous venons de voir. Pour eux, la différence est plus de forme que de fond, alors qu'il en va autrement pour la société qu'ils constituent. La monnaie bancaire étant scripturale, son émission et sa mobilisation nécessitent la « présence » du script, la banque, qui alimente en unités de monnaie chaque paiement qu'elle enregistre dans ses livres. Alors que la monnaie matérielle « circule » sans que son émetteur initial ne soit « physiquement » impliqué dans chaque paiement, la monnaie bancaire nécessite la présence et l'action de la banque lors de chaque paiement, mais aussi entre les paiements.

Dans une économie avec système bancaire, ce sont les banques, quel que soit leur statut, qui émettent la monnaie sociale à la demande des producteurs. La conséquence est que tout paiement implique l'action simultanée de trois intervenants : le payeur, le système bancaire et le payé. Le système bancaire est un intermédiaire qui émet des nombres n'ayant aucune valeur, ce ne sont pas des produits. La monnaie scripturale n'est aucunement une marchandise, et elle n'est ni un actif net ni une dette nette[1].

Étant donné que nous considérons exclusivement l'échange direct entre deux producteurs indépendants, **A** et **B**, nous faisons abstraction de toutes opérations commerciales antérieures auxquelles auraient pu participer ces deux producteurs, et desquelles ils auraient pu conserver une épargne liquide. Ni **A** ni **B** ne détiennent de monnaie sociale (aucun hélicoptère n'est passé !).

Comme dans le cas précédent, pour que l'échange ait lieu, il faut que :

x kilos de pommes = **M** et

y mètres de tissu = **M**.

Nous supposons que **A** engage l'opération d'échange en demandant à la banque de lui permettre de disposer de **M** afin qu'il puisse payer le tissu offert par **B**. En tant qu'intermédiaire monétaire, répétons-le, la banque n'est pas partie prenante de l'échange. Elle n'échange aucune marchandise avec **A** ni avec **B**, sa fonction première est de monétiser la production, c'est-à-dire de créer une forme numérique qui homogénéise les produits de **A** et de **B**. Lorsque **A** la sollicite, elle se limite à lui promettre de payer

[1] L'idée de monnaie-dette, aujourd'hui assez répandue dans certaines écoles de pensée, résulte en fait de la confusion entre monnaie et crédit, ou encore entre ce qui est monétaire et ce qui est financier.

B. Bien entendu, **A** promet à la banque de rembourser le crédit[1] lorsqu'il aura vendu ses pommes à **B**.

De ces promesses réciproques, il résulte que la banque ouvre une ligne de crédit au nom de **A**, dont le montant, **M**, est gagé sur le produit de **A**, soit : ***x*** kilos de pommes. À ce stade, les pommes ne sont pas inscrites dans la monnaie qui n'existe pas encore, mais les conditions sont réunies pour que s'établisse une relation d'équivalence entre la monnaie et les pommes. Celle-ci ne sera réalisée que lorsque la banque effectuera le paiement demandé par **A**. Tant qu'aucun paiement n'a lieu, aucune unité de monnaie n'existe réellement ou même nominalement, les promesses réciproques entre **A** et la banque ne valent pas monnaie. C'est seulement lorsqu'est effectué le paiement, c'est-à-dire lorsque la banque crédite le compte de **B,** que la monnaie est effectivement créée et qu'est réellement constituée la dette de **A** vis-à-vis de la banque et, ce, pour un montant de **M**. C'est aussi à ce même instant qu'est formée la créance de **B** vis-à-vis de la banque, il dispose en effet d'un dépôt, d'un montant de **M**, inscrit au passif du bilan de la banque.

La teneur de la dette monétaire de **A**, c'est-à-dire **M**, ce sont les ***x*** kilos de pommes. C'est dans l'opération de paiement qu'est établie la correspondance entre les pommes et la monnaie ; le revenu monétaire de **A** est bien d'un montant de **M**. C'est ce revenu qu'il dépense dans l'achat du tissu. Ainsi, grâce à l'interposition de la banque, **A** peut disposer du tissu, alors que **B** n'a pas encore payé les pommes. Ces dernières sont stockées chez **A** comme gage de sa dette vis-à-vis de la banque. Elles sont, de fait, inscrites sous forme de titres de créances à l'actif du bilan de la banque ; c'est la preuve que ces ***x*** kilos de pommes

[1] Avec un intérêt sans doute, au moins pour payer le service rendu par la banque, mais cela n'entre pas dans notre sujet.

sont la teneur de la monnaie émise par la banque à la demande de **A**.

Lorsqu'il cède son tissu à **A**, **B** est payé par inscription de **M** à son compte de dépôts auprès de la banque. Il perçoit un revenu monétaire d'un montant de **M** qui est sans délai inscrit au passif de la banque. Cette dernière s'engage en effet à effectuer tout paiement qu'il lui demandera de réaliser ultérieurement. Ces **M** ne sont autres que la forme monétaire du tissu qu'il a produit et cédé à **A**. De même qu'à la demande de **A,** il est établi une correspondance entre la monnaie et les pommes, il est établi sur le compte de **B** une correspondance entre la monnaie et le tissu. Le lecteur peut observer que le dépôt de **B** n'est en aucun cas alimenté par le débit d'un compte de dépôts de **A** préalable à la transaction, le compte de **A** est instantanément crédité et débité d'un montant de **M**.

À l'instant où **A** paie **B**, la monnaie créée par la banque entre effectivement en correspondance ***avec le tissu*** et, donc, à ce même instant est formé le revenu monétaire de **B**. Ainsi, **B** a cédé son tissu, mais en retour, son travail est rémunéré. La preuve en est qu'il dispose d'un dépôt monétaire de **M** dans la banque. Grâce au crédit, **A** peut consommer le tissu, c'est dire que son revenu monétaire est dépensé, donc détruit, dans le mouvement même où est formé le revenu de **B**. Notons que ni **A,** ni la banque ne transfèrent de monnaie à **B.** La monnaie créée sur **A** est immédiatement détruite sur **A** ; celle qu'obtient **B** est nouvellement créée et immédiatement détruite dans l'achat d'un titre de dépôt. Il reste que le revenu global de l'économie composée de **A** et **B** est bien de **2M** dans la période considérée.

Nous avons raisonné sous l'hypothèse de l'échange de pommes contre tissu, donc **B** va nécessairement acheter les pommes, et devra donc payer **M** à **A**. Il demande alors à la banque de débiter son compte pour un montant de **M**, ce que va faire cette dernière, qui, dans le même mouvement, ouvre un compte de dépôts à **A**. Ainsi, **A** perçoit-il positivement le revenu monétaire qu'il a préalablement dépensé. Mais, pour que la transaction soit complète, il faut évidemment que ne subsistent ni créances ni dettes dans l'économie, autrement dit, il faut que **A** rembourse son crédit à la banque. **A** rachète son titre de dette (titre de créance à l'actif de la banque) à la banque qui débite son compte de dépôts. Ceci revient à dire que **A** a converti les pommes en revenu, qu'il a consommé celles-ci sous la forme de tissu et qu'il restitue à la banque la forme monnaie des pommes qu'il a produites. De l'autre côté, puisque le tissu est la teneur du dépôt de **B** à la banque, lorsqu'il paye **A**, **B** débite son compte, autrement dit, il consomme le tissu qu'il a produit, l'objet de son revenu. Bref, il consomme économiquement le tissu sous la forme physique de pommes.

L'échange entre **A** et **B** étant fait, donc les pommes et le tissu étant payés, les comptes sont « nettoyés ». Dans l'économie, il n'y a plus de monnaie, non plus que de produits, puisqu'ils sont consommés finalement. Le principe de l'échange absolu n'est pas remis en cause par la présence de la banque, il est saisissable dans les comptes bancaires eux-mêmes. Nous pouvons retenir le principe général selon lequel la monnaie bancaire ne modifie en rien la nature profonde des échanges. Néanmoins, l'intermédiation bancaire, donc l'émission de monnaie bancaire, n'est pas neutre pour l'ensemble de l'économie, elle fait naître une catégorie économique bien particulière : le *capital*.

Nous l'avons vu, lorsque la banque émet la monnaie à la demande de **A**, on assiste non seulement à l'émission d'unités de monnaie pour un montant de **M**, mais aussi et en même temps, à la réalisation d'une opération financière : un crédit. La banque prête **M** à **A**, ce qui se traduit par l'inscription d'une créance sur **A** à l'actif de son bilan. En même temps, puisqu'ils servent à payer le tissu, ces **M** sont inscrits à son passif au compte de **B**. Pour l'ensemble de l'économie, la monnaie ne s'ajoute ni aux pommes ni au tissu, son émission est à somme nulle. À la dette monétaire de **A**, (-**M**), correspond la créance monétaire de **B**, (+**M**). La banque ayant créé (-**M**) et (+**M**), la somme des deux créations est rigoureusement nulle : **(-M) + (+M) = 0**. La monnaie existe pourtant bel et bien, elle est inscrite au bilan de la banque, mais elle n'est pas une richesse nette qui viendrait s'ajouter, ou se substituer, aux pommes et au tissu. Elle est un actif-passif. Cependant, tant que **B** n'a pas payé les pommes, le crédit octroyé à **A** n'est pas éteint, le titre de créance que détient la banque à son endroit existe toujours. C'est que le prêt qui lui est fait n'a pas pour objet la monnaie, mais son propre revenu.

Qui dit crédit, dit qu'est dépensé aujourd'hui un revenu monétaire qui sera formé plus tard. C'est la situation que connaît **A** lorsqu'il paye le tissu. Il s'endette en gageant les pommes qu'il a produites. Le support matériel du crédit, ce sont les ***x*** kilos de pommes en ce qu'ils sont la teneur physique du revenu monétaire de **A**. Revenu monétaire qu'il obtient lorsque **B** paye les pommes. En attendant, les pommes sont stockées et **B** dispose d'un dépôt bancaire d'un montant égal à leur prix (**M**). Ainsi peut-on observer que le revenu de **A** est « en attente », et qu'il s'est formé un capital dans l'économie du fait du prêt réalisé grâce à l'intermédiation de la banque dans la transaction entre **A** et **B**.

MONNAIE BANCAIRE ET CAPITAL

Tout crédit, suppose l'écoulement d'un temps pendant lequel la consommation finale des produits n'a pas encore eu lieu. Puisque **A** bénéficie d'un crédit (l'avance monétaire de son revenu), c'est qu'à l'instant où il paye et obtient le tissu, **B** ne paye pas les pommes qui restent dans l'avoir de **A**, et ce, en raison de l'interposition de la banque. Il s'écoule inévitablement un certain temps, qui peut être très bref ou très long, entre le moment où un compte est crédité et celui où il est débité. Il s'agit en effet de deux opérations distinctes qui sont réalisées à deux instants distincts. Pour dire les choses autrement, disons que le compte de **B** ne peut être débité qu'après qu'il a été approvisionné. Le paiement du tissu n'est pas réalisé dans le même instant que celui des pommes. Or, dans le laps de temps qui sépare les deux paiements, on peut observer que **B** dispose d'une épargne monétaire de **M**, qui fait face aux ***x*** kilos de pommes stockés par **A**. **B** dispose de cette épargne parce qu'il a vendu les ***y*** mètres de tissu, et donc qu'il a perçu un revenu monétaire de **M** au titre de sa production de tissu, revenu qu'il n'a pas encore consommé, mais déposé en banque. Pour l'ensemble de l'économie l'avoir de **B** n'est pas compensé par la dette de **A**, il est net. Cela est, parce que c'est la banque qui octroie le crédit à **A** et non pas **B**. Le crédit dont bénéficie **A** résulte d'une opération qui n'est réalisée ni sur le marché des pommes, ni sur le marché du tissu, mais sur un marché bien spécifique : le marché financier. Du fait de l'interposition de la banque dans l'échange, **A** est face à lui-même au regard du marché des produits. Il se doit en quelque sorte son propre revenu monétaire qu'il a déjà dépensé. De l'autre côté, **B** est aussi présent sur le marché financier du fait de l'épargne de son propre revenu, qui est inscrit à la banque. La banque est agent financier en ce qu'elle détient une créance sur **A** et qu'elle a une dette vis-à-vis de **B**. Quoique de même montant, les deux titres ne se compensent pas, **A** ne doit rien à **B** qui n'a aucune créance sur **A**. Il s'ensuit qu'au regard de l'économie dans son ensemble, il se forme une grandeur nette : un capital.

Le capital résulte de ce que la transaction, pommes contre tissu, entre **A** et **B** n'est pas immédiatement finalisée du fait du recours à la monnaie bancaire. Il se présente d'emblée comme la grandeur qui représente une consommation en attente. Il revêt deux formes indissociables : 1- l'une financière, l'épargne monétaire de **B** qui est déposée à la banque, et 2- l'autre physique, les pommes stockées par **A**. La durée de vie de ce capital est rigoureusement limitée par le temps pendant lequel **B** n'achète pas les pommes. Dès que **B** paye les pommes, la transaction pommes contre tissu étant finalisée et tous les produits consommés, le capital est détruit dans sa forme physique. De l'autre côté, **A** utilise inévitablement la monnaie qu'il perçoit pour rembourser sa dette auprès de la banque. Le dépôt de **B** est épuisé, la créance de la banque sur **A** est annulée, en son aspect financier aussi, le capital est détruit. À l'instar de B. Schmitt, nous pouvons qualifier ce capital de « capital-temps » car il existe en raison même de ce que, du fait de l'émission de monnaie bancaire, les échanges de marchandises sont accomplis dans la durée.

Le capital n'est pas une donnée de toute éternité, il n'est pas assimilable à des stocks physiques de biens, pas plus qu'aux moyens de production, la pelle de Robinson Crusoé n'est pas un capital. Le capital est une création qui accompagne l'émission de monnaie bancaire, et qui répond à des relations de production, de consommation et d'échange bien particulières. Alors que dans une économie de monnaie matérielle, métaux précieux, etc., une des fonctions des matières monétisées est de remplacer transitoirement les autres produits dans les mains des échangistes. La monnaie bancaire, qui, répétons-le, n'est pas une richesse en soi et n'a donc aucune valeur, n'assure pas une telle fonction. Elle reste dans la banque. L'émission de la monnaie bancaire inscrit inévitablement du temps dans les échanges. Les paiements des produits échangés sont temporellement disjoints, le tissu n'est pas payé en même temps que les pommes, et de cette disjonction naît un marché financier en même temps qu'apparaît le « capital-temps », qui est la forme première[1] de tout capital.

L'économie monétaire de production que nous venons de décrire connaît le capital, mais pour autant, on ne peut *stricto sensu* la qualifier de capitaliste, car finalement tout ce qui est produit par les producteurs indépendants est consommé. C'est la relation fondamentale, que l'on symbolise par **R** ≡ **C** qui prévaut. Ni **A** ni **B** ne sont assujettis au capital, au sens où une partie de leur production serait consacrée à l'accumulation et à l'entretien du capital au détriment de leur consommation. Avant d'analyser plus avant ce dernier point, il nous faut considérer le salariat, qui est le rapport de production particulier duquel naît la possibilité du capitalisme.

[1] Nous entendons exprimer les choses tant du point de vue de l'histoire de l'humanité que de ses pratiques quotidiennes.

CHAPITRE 3

LA PRODUCTION-CONSOMMATION DES SALAIRES

Dans nos économies où domine le rapport salarial, la loi de l'équivalence de la production et de la consommation reste toujours en vigueur. Mais, la disjonction des deux opérations dans le temps permet aux entreprises de capter une fraction des produits, ce que l'on peut désigner par le terme générique de profit. Pour l'heure, nous nous proposons d'analyser l'émission des salaires dans nos économies de salariat généralisé. C'est-à-dire d'économies structurées sur trois marchés : 1- le marché du travail, sur lequel sont rémunérés les travailleurs ; 2- le marché des produits, sur lequel sont payés les biens et services produits ; 3- le marché financier, qui s'interpose entre les deux précédents et autorise l'existence de revenus non salariaux autres que les transferts sociaux.

L'activité économique contemporaine est organisée sur la base d'unités de production, les entreprises, dans lesquelles sont rassemblés des facteurs de production, des travailleurs, qui perçoivent des revenus monétaires : des salaires. Que l'entreprise emploie un seul salarié ou des centaines, voire des milliers ne change rien quant au fond. Chaque travailleur, en collaboration directe ou indirecte avec les autres, vise à satisfaire ses besoins en consommation. Et c'est bien au vu de la réalisation de ce projet que fonctionnent les entreprises et les banques. Que l'activité des salariés s'inscrive dans des rapports de production coopératifs, ne remet pas en cause l'identité de la production et de la consommation.

Le rapport salarial présente cette particularité qu'en raison de l'intermédiation des banques qui émettent la monnaie, l'émission réelle des travailleurs est scindée en deux demi-émissions, c'est-à-dire que la production et la consommation sont disjointes dans le temps continu. Cette distanciation, qui fait que les salariés n'accèdent pas directement à la forme physique de leurs produits, tient à deux intermédiations : celle des entreprises et celle du système monétaire et financier[1]. En fait, le rapport salarial est tel que l'émission complète, la production-consommation, est scindée en deux demi-émissions. La première a lieu sur le marché du travail (production) et la seconde sur le marché des produits (consommation). Les deux demi-émissions sont complémentaires, de même nature et de même grandeur, mais de sens opposé.

LE SALAIRE : PREMIÈRE DEMI-ÉMISSION DU REVENU

En tant qu'unités de production, les entreprises sont d'abord des intermédiaires entre les travailleurs et eux-mêmes.

Sur le marché du travail, on ne peut observer aucun échange relatif, les travailleurs ne vendent rien aux entreprises qui ne leur achètent rien. Il ne faut pourtant pas en conclure, avec un certain nombre d'auteurs d'inspiration keynésienne, qu'il n'existerait pas de marché du travail. Il est vrai que sur ce marché les transactions n'ont pas pour objet le transfert de richesses préexistantes, mais l'émission des produits et de la monnaie qui leur correspond. En d'autres mots, une émission réelle organiquement liée à une

[1] Pour faire simple, dans la suite, nous utiliserons le vocable de « banque » pour désigner ce système.

émission monétaire, donc nominale. Les salariés forment et déposent les produits dans les entreprises pour les acheter ensuite. Étant donné que les entreprises mettent à leur disposition les équipements et les matières grâce auxquels ils forment des utilités, il est logique qu'ils laissent ces matières, même transformées, entre les mains des entreprises. Cependant, ce sont eux qui créent les formes utilités, et c'est à ce titre qu'ils sont rémunérés en tant que facteurs de production de revenus. Bien entendu, leurs employeurs ne peuvent les rétribuer avec les formes des matières. Les formes et les matières ne pouvant être dissociées, les travailleurs libres ne sont pas rémunérés en nature, mais en monnaie. Ce qui caractérise le salariat, ce n'est pas uniquement la création des produits sous deux formes différentes : une forme utilité spécifique aux conditions matérielles de la production, et une forme numérique, mais aussi que ces deux formes sont d'abord déposées en deux endroits différents : l'une dans les entreprises et l'autre en banque dans les comptes de dépôts des salariés.

Sur le marché du travail, grâce à l'intermédiation des banques, les salariés convertissent leur travail en revenu monétaire, tandis que les entreprises reçoivent en dépôt les formes utilités résultant de l'activité productive de ces mêmes salariés qu'elles emploient. La transaction consiste donc en ce que les entreprises reçoivent les produits sous une forme physique alors qu'elles ne cèdent rien aux travailleurs, si ce n'est la promesse de leur vendre leurs produits, et que les travailleurs bénéficient d'une émission de monnaie bancaire, qui leur donne le pouvoir d'acheter ces mêmes produits. Bien qu'il laisse la forme physique de son produit en dépôt dans l'entreprise qui l'emploie, le salarié n'en perd pas pour autant la possession. Il en reçoit la forme monnaie, c'est-à-dire le salaire monétaire grâce auquel il détient le pouvoir d'acheter ces mêmes produits, mais aussi n'importe quels autres produits émis par d'autres travailleurs dans la même zone monétaire[1]. Le versement des salaires ne consiste pas en un échange relatif, on ne peut observer aucun transfert réciproque de marchandises entre les entreprises et les travailleurs. Le travail n'est pas une marchandise et la monnaie non plus, ni l'un ni l'autre n'ont de valeur. À l'instant du paiement des salaires est établie une relation intangible entre la monnaie et les produits. « La correspondance entre monnaie et produits doit être comprise pour ce qu'elle est. Il ne s'agit pas d'une relation entre valeurs, car la monnaie est dépourvue de valeur positive, quelle que soit la définition de celle-ci. Les termes de la correspondance sont les produits d'une part et la monnaie de l'autre, et nullement la valeur des produits ni la valeur de la monnaie. La valeur monétaire des produits n'est pas le rapport entre la valeur de la monnaie et la valeur des produits : seule la relation est une valeur ou une équivalence, les termes de cette relation étant purement physiques. » [Schmitt, 1975, p. 31-32]. De cette équivalence, il résulte que chaque travailleur reçoit le pouvoir d'achat nécessaire et suffisant pour se procurer ses propres produits. C'est là la définition même du concept de revenu. De cela, il découle que les travailleurs sont les seuls facteurs de production que peut connaître l'économie, car ce sont eux et eux seuls qui ont la capacité d'émettre des revenus.

La relation d'équivalence que nous avons observée chez Robinson Crusoé reste donc vraie sur chaque travailleur

[1] On peut voir à quel point la question : « Comment faire en sorte que les hommes travaillent de bon gré et se laissent enlever les produits de leur travail sans protester ? » (Götz Eisenberg, cité par Jappe, 2017, p. 194), qui fonde une certaine philosophie à la mode aujourd'hui (Foucault), peut être en elle-même tout à fait discutable et néanmoins, sans plus d'examen, induire des conclusions erronées sur les rapports sociaux dans le capitalisme.

dans le salariat. Dans le cadre de *Critique de l'économie politique*, Marx écrivait : « Quand je produis une *marchandise*, la condition préalable est que, si mon produit a bien une valeur d'usage, il n'en a pas pour moi, il n'est pas immédiatement pour moi moyen de subsistance (dans l'acception la plus large), mais valeur d'échange immédiate ; il ne devient moyen de subsistance qu'après avoir pris, dans l'argent, la forme de produit social général, pouvant désormais être réalisé en n'importe quelle forme de travail d'autrui, qualitativement différent. D'où, en produisant pour la société, dont chaque membre travaille à son tour pour moi dans une autre sphère, *je ne produis que pour moi.* » [Marx, 1859, 1972, p. 214], souligné par nous].

Il est certain que la question de la nature des échanges économiques n'est pas subordonnée à celle de la répartition[1]. Le principe essentiel de l'équivalence de la production et de la consommation sur chaque producteur n'est pas remis en cause par la division du travail et la généralisation du salariat. Chaque salarié reçoit son propre produit socialement déterminé.

Chaque transaction sur le marché du travail est constituée de deux échanges absolus.

En tant que la monnaie est une forme, elle n'est pas originaire d'un fonds qui aurait été constitué préalablement à la production[2] :

> Le salaire n'a pas sa source dans une dépense des entreprises, mais bien dans le travail uniquement, la dépense, l'effort des salariés. Le travail est une dépense et il est la seule dépense qui donne le revenu. Cela signifie que l'émission des salaires est fondée sur

[1] C'est la raison pour laquelle nous ne traitons pas du tout de cette question ici, pas plus d'ailleurs que de celle des prix.

[2] On ne voit pas du tout ce que pourrait être un fonds constitué de formes immatérielles.

l'émission réelle ; le travailleur émet son propre produit ; mais au lieu de le recevoir directement en nature, il l'obtient *d'abord* en monnaie. [Schmitt, 1984, p. 95-96].

Pour payer les salaires, les entreprises mobilisent les banques qui émettent alors une monnaie, qui est à la fois une créance et une dette, un actif et un passif. « Dans la création d'un salaire, la banque acquiert une créance sur l'entreprise (le « payeur ») et une dette envers le travailleur (le « payé »). Il s'ensuit que l'opération ne procure aucune créance nette aux banques. »[1] [Schmitt, 1984, p. 413]. Lors du paiement des salaires, les entreprises ne transfèrent rien aux banques et les banques ne leur transfèrent rien. Seulement, ces dernières inscrivent à leur actif le montant du crédit monétaire qu'elles ont accordé aux entreprises. Celles-ci ont donc formé une dette monétaire gagée sur le produit physique que les travailleurs ont déposé entre leurs mains.

De l'autre côté, les banques ne transfèrent rien aux salariés. Elles se contentent, si l'on ose dire, d'ouvrir des comptes de dépôts des salaires en leur propre monnaie, c'est-à-dire de créditer les comptes courants des salariés vis-à-vis desquels elles prennent l'engagement d'effectuer des paiements à leur demande. En l'occurrence, de ce côté, la monnaie est la mesure d'une créance, celle des travailleurs sur les entreprises qui se sont engagées, en les rémunérant, à leur livrer, sur les marchés, les produits qu'elles détiennent en stock. En bref, l'objet réel de la créance n'est pas la monnaie, mais le produit.

En leur fonction d'émettrices de monnaie, les banques sont de pures intermédiaires entre les entreprises et les salariés. Elles effectuent les paiements à la demande des unes et des autres. La monnaie bancaire étant à la fois une

[1] Bien entendu, les banques sont rémunérées, mais en tant qu'entreprises pour les services qu'elles rendent.

créance et une dette, elle ne s'ajoute en rien aux richesses produites. Il est certain que si l'intermédiation bancaire est aujourd'hui indispensable, elle ne devrait en rien influencer la nature des échanges entre les travailleurs et les entreprises. « Il est en effet évident, que la monnaie n'est rien d'autre que la représentation du travail et des marchandises, et sert uniquement à les mesurer ou à les estimer. »[1] [Hume, 1742, II. III. 6].

Ce que produisent et obtiennent immédiatement les salariés, c'est de la monnaie, mais de la monnaie réelle, car porteuse des produits. « Comme le flux réel [le produit physique] est en réalité changé en flux monétaire (dans l'émission des salaires), le produit est absorbé par la monnaie. La représentation exacte est celle de la monnaie, pure forme, comprenant le produit qui est le corps de la monnaie. » [Schmitt, 1984, p. 460]. Les unités de salaires que reçoivent les travailleurs peuvent donc être définies comme des unités de monnaie dans lesquelles sont intégrés les produits physiques qui en constituent la teneur. Aussi peut-on dire que chaque travailleur reçoit une enveloppe dans laquelle sont inscrits les produits, qui sont matériellement déposés dans les entreprises. On ne peut observer aucun transfert réciproque de marchandises entre le salarié et l'entreprise, ce qui fait que chaque unité de salaire émise est une création nette pour l'ensemble de l'économie, elle est macroéconomique.

L'idée de dépossession du salarié, qui est assez répandue et que nous avons déjà évoquée, repose en fait sur la croyance qu'il n'y aurait de production que d'objets matériels. Les tenants de cette thèse semblent adhérer à l'idée archaïque que les services ne sont pas des produits et que les travailleurs occupés à en fournir ne seraient pas

[1] "It is indeed evident, that money is nothing but the representation of labour and commodities, and serves only as a method of rating or estimating them."

productifs. De fait, ils ignorent la portée du concept de revenu et ils ne peuvent saisir que le salarié reçoit son propre produit, bien qu'il ne puisse le consommer tout de suite sous sa forme de valeur d'usage immédiate. Lorsque le coiffeur salarié est payé, il reçoit son produit - la coupe de cheveux - sous forme monétaire, et, évidemment, il ne consomme pas la coupe de cheveux qu'il vient de faire. Mais, grâce à ce qu'il reçoit la forme numérique de son produit, il pourra échanger avec les autres, et disposer du revenu qu'il a produit, alors qu'il a déjà cédé ce qu'il a fabriqué et que son employeur a vendu au client.

De l'écart entre les évaluations personnelles (monnaie individuelle) des producteurs de ce que devrait être leur revenu et les montants qu'ils reçoivent du fait des accords salariaux (monnaie sociale), il naît fréquemment des tensions, voire des conflits entre employés et employeurs, mais c'est le montant des salaires versés qui prévaut économiquement.

Chaque travailleur est, à l'instar de Robinson Crusoé, porteur d'un projet individuel de consommation qui motive sa production. Ces Robinson qui collaborent, n'émettent pas de forme nominale concrète de leur « propre monnaie », mais, étant salariés, à travers les entreprises qui les emploient, ils mobilisent le système bancaire en sa double fonction monétaire et financière[1]. Ils provoquent une émission nominale d'unités de monnaie socialement acceptées. Or, cette émission est en quelque sorte « une reprise » de leurs émissions individuelles qui, transposées dans l'espace collectif par les banques, vont leur permettre d'obtenir des valeurs d'usage qu'ils n'ont pas fabriquées. Que la monnaie versée aux salariés soit matérialisée par un objet ou non, importe peu, elle existe objectivement en tant que forme numérique de l'équivalence production-consommation qu'émettent les travailleurs. « La monnaie,

[1] Pour plus de précisions, voir Gnos, Schmitt, [1990].

ce n'est pas une chose, c'est un rapport social [...]. Ce rapport social est un anneau, et, comme tel [...] correspond à un mode de production déterminé, ni plus ni moins que l'échange individuel. » [Marx, 1847, 1965, p. 53]. Lorsqu'il cède à l'entreprise qui l'emploie la forme utilité à laquelle il a donné naissance, le travailleur obtient la forme numérique (unités de salaires) de ce qu'il a réellement émis. La monnaie étant bancaire, les salaires émis sont instantanément déposés en banque, il s'ensuit que n'étant pas consommé immédiatement, le produit existe sous la forme de deux dépôts distincts, l'un au sein des entreprises sous forme physique et l'autre sous forme d'épargne dans les comptes des banques. De cette épargne naît le marché financier et, donc, l'espace et le temps nécessaires à la naissance de revenus non-salariaux. Nous reviendrons sur cette question plus loin.

Dans l'intervalle de temps compris entre l'instant de l'émission des salaires et celui de leur dépense, les deux dépôts en vis-à-vis, les produits dans les stocks des entreprises et les dépôts monétaires qui leur correspondent, il se forme un capital, que Bernard Schmitt qualifie de « capital-temps », car son existence est caractérisée par l'écoulement d'un temps, plus ou moins long, pendant lequel les entreprises sont, à travers les banques, débitrices des titulaires de revenus[1].

Aujourd'hui, il est encore possible de discerner quelque similitude entre Robinson Crusoé et un salarié, puisque ce dernier, quel que soit le secteur dans lequel il est occupé, augmente à lui tout seul le revenu national du montant de son salaire. Ainsi, le paiement de son salaire est un échange absolu en ce qu'il est la conversion de son travail, qui n'a pas de valeur, en une grandeur monétaire socialement porteuse de valeur. Avec R. Wray [2010, p. 4], nous

---

[1] Gardons à l'esprit qu'un capital est « Une somme constituant une dette », *Petit Robert* [1979, p. 249].

pourrions dire que « la monnaie est l'objet de la production... », mais il faut ajouter que, de la même manière, elle est l'objet de la consommation, puisque c'est en la détruisant que le salarié convertit son revenu monétaire en valeurs d'usage.

Le salarié développant son activité dans une relation avec les autres, son produit doit être numérisé et mesuré en une monnaie extérieure à son émission réelle. Grâce à cela, sur le marché des produits, chaque producteur peut acheter des biens ou des services qui ne sont pas ceux qui ont suscité l'émission de la monnaie dont il dispose. On peut donc encore penser que, si sur le marché du travail les échanges sont absolus, en revanche sur les marchés des produits, ils pourraient être relatifs en raison de ce que les travailleurs procèdent entre eux à des transferts réciproques de marchandises. Disposer d'un revenu, ce n'est pas seulement le percevoir, c'est aussi le dépenser.

Les paiements sur les marchés des produits sont généralement conçus comme des opérations physiques (des trocs) de cessions réciproques de richesses. Ils sont habituellement présentés comme si le payeur cédait de l'argent au payé qui, en retour, lui livrerait une valeur physique. En réalité, les paiements sont bien des échanges : monnaie contre produit, mais ils ne consistent pas en des transferts de revenus d'un individu à l'autre, les revenus, pas plus que les valeurs d'ailleurs, ne changent pas de mains[1]. Les paiements sur les marchés des produits sont des images renversées (comme dans un miroir) de ceux effectués sur les marchés du travail ; ils sont donc de même nature, ce sont des échanges absolus. Lorsqu'il paye, chacun échange sur lui-même une forme contre une autre, ce qui se traduit par la destruction économique des deux formes.

---

[1] Sauf bien entendu lors de transferts, mais il ne s'agit pas de paiements.

LA CONSOMMATION : SECONDE DEMI-ÉMISSION DU REVENU

Généralement, on conçoit les paiements sur les marchés des produits comme des déplacements de monnaie et de produits qui se croisent. L'acheteur est réputé pour transmettre de la monnaie au vendeur qui lui cède le produit en retour. La monnaie du payeur est supposée remplacer le produit dans l'avoir du vendeur et réciproquement, le produit est supposé remplacer la monnaie dans l'avoir de l'acheteur. Ainsi, quand bien même mobilise-t-elle de la monnaie, la transaction est conçue comme un troc. Les échanges sur les marchés des produits seraient bipolaires, de la nature d'échanges relatifs et finalement détachés de la production. « Ainsi, chaque homme subsiste d'échanges et devient une espèce de marchand, et la société elle-même est proprement une société commerçante. » [Smith, 1776, 1991, p. 90]. C'est au demeurant suivant cette conception des choses que l'on se représente le plus souvent le circuit économique en termes de circulation monétaire d'un agent à l'autre. Si cela était vrai, le principe général qui prévaudrait serait celui présenté notamment par Joan Robinson qui écrit : « Mais le revenu est le produit de la dépense aussi bien que la source de la dépense. Les hommes acquièrent leurs revenus en subvenant à leurs demandes réciproques. La dépense d'une personne est la somme (source) des revenus d'autres personnes, et le revenu d'une personne provient des dépenses d'autres personnes. » [Robinson, 1948, p. 14]. Or, une telle approche souffre de confondre la formation avec la dépense des revenus, ce qui fait que leur existence même n'est pas expliquée. Suivant Joan Robinson, les revenus seraient des grandeurs jamais créées, car toujours transmises ; ils ne seraient jamais détruits, car toujours transmis. L'activité économique ne connaîtrait ni début ni fin, ni création ni destruction, ni croissance ni récession[1]. Ces présentations binaires souffrent, en vérité, de ne pas tenir compte de l'intermédiation des banques dans tous les paiements.

La consommation étant la finalité de l'activité économique, il serait tout à fait illogique d'envisager qu'elle puisse se traduire par la création de nouveaux revenus. D'autre part, il n'y a aucune raison de penser que le rapport des travailleurs au produit, déterminé lors du paiement des salaires, soit modifié dans l'intervalle de temps qui précède leur dépense sur les marchés des produits. Déposés en banque, les revenus sont transformés en capital, épargnés, en attendant d'être « réactivés » pour être finalement dépensés. Ni l'enveloppe monnaie, ni son contenu ne sont modifiés tant qu'aucun achat de produits n'est fait.

En réalité, tout paiement sur les marchés des produits se traduit par un double mouvement : monétaire et physique, de même nature mais de sens opposé à celui observé sur le marché du travail. La formation des salaires est une demi-émission lors de laquelle les travailleurs émettent sur eux-mêmes leurs propres produits en les faisant entrer dans l'enveloppe monétaire qu'ils reçoivent, c'est la production. La dépense des salaires est la demi-émission complémentaire, les salariés réémettent sur eux-mêmes leurs propres produits[2], mais cette fois-ci en les faisant sortir du moule monétaire. À l'instar de ce qui se passe sur les marchés du travail, les paiements sur les marchés des produits sont intermédiés par les entreprises et les banques. Lorsqu'ils se présentent sur les marchés pour consommer, les travailleurs demandeurs ne se retrouvent pas en présence d'autres travailleurs offreurs de produits, mais en présence

---

[1] On sait la difficulté qu'ont les tenants de la circulation monétaire pour présenter des modèles de croissance crédibles.

[2] Dans une forme généralement différente de celle qu'ils ont personnellement fabriquée.

des entreprises et des banques ; chaque paiement mobilisant le système bancaire. La prise en compte de l'interposition des entreprises et des banques a pour conséquence de faire ressortir que les transactions réalisées sur les marchés des produits ne consistent pas en des transferts réciproques de marchandises et de monnaie entre les titulaires de revenus. Ce ne sont pas des trocs ni même l'image spectaculaire de trocs.

Pour payer l'entreprise qui lui vend un produit, chaque titulaire de revenu mobilise sa banque pour qu'elle débite son compte de dépôts. Le revenu déposé ayant été épargné, c'est-à-dire dépensé dans l'achat de titres financiers (le capital-temps), la banque doit donc re-créer la monnaie qui a été initialement déposée. Or, l'achat se faisant auprès des entreprises dans lesquelles sont stockés les produits physiques, la monnaie est ré-émise négativement du côté des salariés, leurs comptes sont débités, et positivement du côté des entreprises vendeuses, leur dette monétaire, formée vis-à-vis des banques lors du paiement des salaires, est alors annulée. Dans le même mouvement, la créance des salariés sur les entreprises est annulée, le capital-temps est détruit dans sa double forme financière et physique, puisque les produits sont consommés. Résultat : le revenu est irrémédiablement détruit lors de l'achat de produits, et cette destruction est nette pour l'ensemble de l'économie lors de chaque paiement.

Dans l'opération, on ne peut observer aucun transfert réciproque entre les entreprises et les titulaires de revenus. Ces derniers ont détruit leurs dépôts monétaires inscrits au passif des banques et, en contrepartie, ils ont obtenu les valeurs d'usage qu'ils ont fabriquées. Les dépôts bancaires n'étant rien d'autre que la forme monétaire de ces mêmes produits, nous pouvons dire que les titulaires de revenus procèdent à une conversion, ils transforment leurs avoirs monétaires en valeurs d'usage.

Du côté des entreprises, les stocks de produits correspondaient à une dette financière inscrite à l'actif des banques, aussi, en même temps que leurs stocks de produits diminuent, elles voient leur dette se réduire d'un montant équivalent. De ce côté aussi, l'échange est absolu, puisque les entreprises convertissent leurs stocks de produits physiques en l'annulation d'une dette.

En tant qu'intermédiaires monétaires, les banques ne sont pas parties prenantes de la transaction réelle, elles ne font qu'enregistrer numériquement les choses. De leur côté, on ne peut observer aucun transfert de monnaie de l'un à l'autre. Elles détruisent la monnaie en dépôt, les créances des titulaires de revenus inscrites à leur passif, et dans le même mouvement (mais pas nécessairement dans le même instant), elles annulent la créance sur les entreprises, qu'elles avaient inscrite à leur actif. Dans les paiements qui ont lieu sur les marchés des produits, aucune unité de monnaie n'est transmise dans l'opération. Re-créée, elle est immédiatement détruite par de simples jeux d'écritures de crédit-débit. Lorsque le produit est entièrement écoulé, les banques ne détiennent plus ni créances ni dettes, donc plus de monnaie.

L'échange de la monnaie contre les produits n'est pas relatif, mais absolu. Le paiement n'est pas un transfert, mais la conversion, sur chacun des agents, d'une même chose, dont il est déjà économiquement propriétaire, d'une forme en une autre. En outre, ce qui est converti n'est pas conservé, mais détruit, ce qui marque l'achèvement du processus économique. Vidée de son contenu, la monnaie est définitivement détruite en même temps qu'est consommé le produit auquel elle correspondait. Les marchandises étant sorties de l'économie, il n'y a plus rien à compter.

Nous venons d'énoncer le principe général de la formation et de la destruction des revenus salariaux.

Cependant, du fait de la division du travail et de ce que les producteurs donnent naissance à des formes utilités qu'ils n'utiliseront pas eux-mêmes, donc qu'ils échangent, nous pouvons encore nous demander si, à travers les entreprises et les banques, les individus ne procèderaient pas à des échanges relatifs. La question est donc de savoir si les échanges interindividuels (donc supposés de nature microéconomique), qui seraient certes masqués ou encadrés par les échanges absolus, ne seraient pas en réalité relatifs. Ainsi, « l'essence » ou le fondement de l'activité économique globale serait microéconomique. En vérité, ce n'est pas le cas.

ÉCHANGÉES, LES MARCHANDISES NE SONT PAS TROQUÉES

Il est vrai que, d'une manière générale, en raison de la division du travail, chaque travailleur ne consomme pas les produits physiques auxquels il a donné naissance et, donc, d'une certaine manière, il est amené à échanger ses produits avec d'autres. Un moment essentiel de l'activité économique est bien l'échange de marchandises contre des marchandises, toutefois il ne s'agit pas de troc.

Considérons deux travailleurs **A** et **B**, respectivement occupés dans deux entreprises $\mathbf{E_1}$ et $\mathbf{E_2}$, l'un produit ***x*** (des kilos de pommes) et l'autre **y** (des mètres de tissu). Supposons encore que **A** veuille acheter **y**, et **B**, ***x***. Dans la réalité, les paiements ne sont pas bipolaires, mais, comme le relevait Hicks [1967, p. 11], ils sont tripolaires. Tout paiement sur les marchés des produits[1] met en présence un titulaire de revenu, une entreprise et le système bancaire, aujourd'hui unifié par une banque centrale.

---

[1] Cela est vrai aussi sur les marchés financiers, dont nous ne traiterons pas ici.

Les deux entreprises étant dans le même espace monétaire[1], la monnaie émise sur les deux travailleurs est homogène, ce qui fait que la monnaie versée à **A**, employé de **E_1**, peut être utilisée pour payer **E_2**. De même, la monnaie versée à **B** émise en **E_2**, peut servir pour payer **E_1**. D'emblée, nous pouvons dire que, grâce à l'activité d'une banque centrale, les unités de monnaie émises par les deux entreprises sont « interchangeables », comme peuvent l'être deux billets de 20€. Mais cela ne veut pas dire que les revenus auxquels ils correspondent le soient, c'est-à-dire que le revenu gagné en **E_1** pourrait être dépensé en **E_2** et celui formé en **E_2** dépensé en **E_1**. En réalité, ça n'est pas possible[2] : le revenu créé en **E_1** est finalement dépensé en **E_1**, et le revenu créé en **E_2** est finalement dépensé en **E_2**.

Le même principe que celui que nous avons vu dans le cadre d'une économie de producteurs indépendants s'applique ici. Pour que la transaction ait lieu, il est nécessaire que ***x*** unités du produit fabriqué en **E_1** correspondent à **M** unités de monnaie et que ***y*** unités de produits fabriqués en **E_2** correspondent à **M** unités de monnaie. Les deux produits étant exprimés dans la même unité monétaire, si ***x*** correspond à l'émission de 100 unités de monnaie, dont il est la teneur, et que ***y*** correspond à 100 unités de monnaie, dont il est la teneur, alors ***x*** et ***y*** sont équivalents. Le producteur de ***x*** peut se procurer ***y***, et le producteur de ***y*** peut acheter ***x***. Donc manifestement, sur le marché des produits, il est possible d'observer chacun des deux travailleurs consommant les valeurs d'usage fabriquées par l'autre. Mais peut-on dire qu'il y ait là un transfert réciproque (de revenus) entre les deux travailleurs,

---

[1] Nous posons cette hypothèse uniquement afin d'éviter toute complication qui pourrait être liée à des questions relatives aux paiements internationaux.

[2] À nouveau ici, il faut bien distinguer entre monnaie et revenu.

ou en d'autres termes, sommes-nous en présence d'un échange relatif de ***x*** contre ***y*** ?

Dans les manuels, les choses seraient présentées comme si **A** dépensait son revenu auprès de $\mathbf{E_2}$ pour se procurer ***y***, et comme si **B** achetait ***x*** en payant $\mathbf{E_1}$ avec son revenu formé en $\mathbf{E_2}$. Tout se passerait donc comme si les revenus étaient transférés. $\mathbf{E_1}$ recevrait en paiement le revenu formé en $\mathbf{E_2}$ et $\mathbf{E_2}$ recevrait celui qui a été formé en $\mathbf{E_1}$. Ainsi, par l'intermédiaire de la monnaie[1], **A** et **B** *troqueraient* leurs revenus en même temps que leurs produits. Ce schéma découle de ce que l'on raisonne en valeur, en négligeant la nature des revenus. Dans la réalité, les choses ne peuvent pas se passer comme cela.

La valeur de ***x*** n'est pas déterminée relativement à celle de ***y*** et réciproquement. L'une et l'autre valeur sont déterminées dans les échanges absolus réalisés sur le marché du travail, ce qui fait que lorsqu'ils achètent les produits, les travailleurs consomment ce qu'ils ont produit en valeur respectivement : « la même valeur, c'est-à-dire le même quantum de travail social réalisé, reste toujours dans la main du même échangiste, quoiqu'il la tienne sous la forme de son propre produit, de l'argent et du produit d'autrui. » [Marx, 1847, 1965, p. 704]. La règle est stricte. Lorsque l'on dit que **A** consomme son propre produit en valeur, mais sous la forme du produit ***y*** de son vis-à-vis et réciproquement, cela ne revient pas à dire que la teneur des unités de salaire dont dispose **A** ne serait plus ***x***, mais serait devenue ***y***, et, donc, qu'il y aurait bien transfert de ***y*** dans l'enveloppe de ***x***, et réciproquement, transfert de ***x*** dans la monnaie initialement enveloppe de ***y***. Les 100 unités de salaire créées par **A** dans $\mathbf{E_1}$ seraient dépensées dans l'achat de ***y***, produit en $\mathbf{E_2}$, et les 100 unités de salaire créées par **B** dans $\mathbf{E_2}$ seraient échangées contre ***x*** en $\mathbf{E_1}$. Il y aurait donc transfert réciproque dans l'opération, mais ce serait au prix

[1] Définie comme intermédiaire d'échange.

de la rupture de la relation d'équivalence, monnaie-produit, établie lors de l'émission des salaires, or il n'existe aucune opération qui puisse expliquer cela entre le moment où sont déposés les salaires et celui où ils sont dépensés. La théorie quantique de la production permet de saisir que le caractère ondulatoire de la production interdit de tels transferts à l'intérieur de la forme monnaie. Pour utiliser une formulation plus « philosophique », nous pourrions dire que la matière ne peut s'échapper de sa forme sans que celle-ci soit détruite. Dit autrement encore, ce ne sont pas des valeurs que dépensent, donc détruisent les travailleurs, mais des revenus.

Nous avons là une conséquence analytique de la distinction entre valeur et revenu. Dans le cadre de l'analyse en termes de valeur, l'enveloppe numérique est supposée séparable du produit lui-même, car nous avons implicitement deux stocks en vis-à-vis. En outre, l'idée de transfert de valeurs est associée à celle que les individus joueraient le rôle de purs intermédiaires dans le mouvement des marchandises. Dans ces représentations, on « oublie » les revenus.

Dès lors que l'on mène une analyse en termes de revenu, il ressort clairement que la relation n'est pas entre « objets » uniquement, mais entre individus et produits. Le temps étant irréversible, ce qui est produit en ses deux formes par un individu ne peut être décomposé et recomposé par la suite. Les revenus ne peuvent être transférés, car chaque unité de monnaie (unité de salaire) ne peut être vidée de sa teneur sans être immédiatement détruite. La teneur de l'unité de monnaie (unité de salaire) émise sur **A** est toujours, jusqu'à sa destruction, le produit de **A**. De ce point de vue, c'est-à-dire dans le salariat, l'interposition des entreprises et du système bancaire entre **A** et **B** est tout à fait déterminante d'une situation différente de ce qu'elle serait dans un monde de travailleurs indépendants.

L'analyse d'une économie de travailleurs autonomes ne peut être transposée *in extenso* à une économie où domine le rapport salarial. Il y a une raison principale à cela, c'est que dans une économie de producteurs indépendants, les travailleurs sont rémunérés lors de la vente des produits sur les marchés, d'où l'illusion que ce sont les mouvements de marchandises qui sont déterminants, alors que dans le salariat, ils le sont avant que les produits soient vendus. Le rapport fondamental est bien celui du travailleur avec le produit qu'il a émis, d'où le fait que l'unité de mesure économique est l'unité de salaire.

Les salaires émis en $\mathbf{E_1}$ sont dépensés sur le produit émis en $\mathbf{E_1}$, $\boldsymbol{x}$, et les salaires émis en $\mathbf{E_2}$ sont dépensés dans l'achat du produit de $\mathbf{E_2}$, $\boldsymbol{y}$. Il s'ensuit que l'on ne peut observer aucun transfert de revenu dans les paiements.

Lorsque **A** se porte acheteur de $\boldsymbol{y}$, produit par **B**, la monnaie qu'il a reçue de $\mathbf{E_1}$ se substitue[1] à celle que $\mathbf{E_2}$ a versée à **B**. Lorsque **A** achète $\boldsymbol{y}$, son compte est débité et la monnaie qu'il dépense permet à $\mathbf{E_2}$ d'annuler sa dette auprès du système bancaire et ce, de la même manière que si c'était **B** qui était venu acheter son propre produit. De l'autre côté, lorsque **B** achète $\boldsymbol{x}$, il permet à $\mathbf{E_1}$ d'annuler sa dette auprès de sa banque. Il y a en fait substitution entre les deux monnaies émises, mais en aucun cas substitution de revenus. Ce sont les banques qui s'occupent de réaliser les substitutions de monnaie. Aujourd'hui, l'interchangeabilité des monnaies scripturales nationales est parfaitement fluide. Cela tient à ce que les monnaies des différentes banques sont exprimées en une unité commune, la monnaie banque centrale. Grâce à cela, les banques n'ont plus à s'acheter mutuellement leurs monnaies. Les règlements entre banques se font dans les opérations de compensation et celles qui leur sont liées.

---

[1] En vertu de l'interchangeabilité des monnaies.

Les monnaies des différentes banques étant définies en unités de monnaie centrale, tout se passe comme si **A** et **B** échangeaient des billets de 100€ qu'ils auraient reçus respectivement de $\mathbf{E_1}$ et de $\mathbf{E_2}$ au titre de leurs salaires. Si **A** achète ***y*** avec le billet que vient de lui céder **B**, cela veut dire que la monnaie émise par **B** est bien dépensée dans l'achat du produit correspondant formé en $\mathbf{E_2}$, à savoir ***y***, alors que **A** dépense le revenu monétaire qu'il a produit en $\mathbf{E_1}$. De l'autre côté, c'est la même chose, **A** a émis ***x***, et le billet qu'il donne à **B**, permet à ce dernier d'acheter ***x*** avec le revenu qu'il a créé en $\mathbf{E_2}$. Ainsi, la monnaie émise en $\mathbf{E_1}$ permet d'acheter le produit formé en $\mathbf{E_1}$ et la monnaie émise en $\mathbf{E_2}$ permet d'acheter le produit formé en $\mathbf{E_2}$. Évidemment, dans la réalité, **A** et **B** n'échangent pas leurs billets ! Même s'ils étaient clients de banques différentes, ce serait absurde.

En fait, nous pouvons dire que la banque centrale a émis une enveloppe de 200€ dans laquelle sont logés ***x*** et ***y***, donc tout agent détenant l'enveloppe ou partie de l'enveloppe peut se procurer indifféremment du ***x*** ou du ***y***, sachant que ***x*** et ***y*** sont respectivement dans les entreprises $\mathbf{E_1}$ et $\mathbf{E_2}$, et qu'ils ne sont pas transférés de l'une à l'autre lorsque les titulaires de revenus les achètent. Peu importe ce que sont les valeurs d'usage consommées par **A** et **B**, ce qu'ils ont produit est consommé là où ils l'ont produit et dans la forme où ils l'ont produit, et chacun détruit sur lui-même son propre revenu. Dans ces paiements, on ne peut observer aucun transfert économique (monétaire) réciproque entre les différents intervenants. L'échange des billets n'est pas un transfert économique[1]. En revanche, c'est bien parce que les produits sont inscrits dans la monnaie que les valeurs d'usage produites par l'un peuvent être consommées par l'autre et *vice versa*. Cet échange, n'est pas de la nature d'un troc. Sur les marchés des produits, comme sur les marchés

[1] D'ailleurs, il est rigoureusement inutile.

du travail, les paiements consistent en des échanges absolus. La loi générale est que chacun consomme son propre produit, même lorsqu'il tire satisfaction de valeurs d'usage autres que celles qu'il a lui-même fabriquées, et cela parce qu'il a produit la forme monétaire des marchandises déposées dans l'entreprise qui l'a rémunéré.

En résumé, **A** a produit **M** en E_1, il consomme **M**, grâce à l'interchangeabilité des monnaies. Il dispose des valeurs d'usage, ***y***, qui ont été fabriquées par **B**. Il n'en reste pas moins que son revenu monétaire est finalement détruit dans la banque créancière de E_1, c'est là qu'est annulée la dette de E_1. C'est rigoureusement la même chose pour **B** : lorsqu'il dépense son revenu monétaire, la dette qui lui correspond est détruite dans la banque créancière de E_2. Les revenus sont détruits là où ils ont été formés, c'est la raison profonde pour laquelle on peut parler de circuit du revenu.

Dans une économie monétaire de production où les entreprises seraient de pures intermédiaires, nous pourrions reprendre à notre compte une affirmation de Léon Walras lorsqu'il écrit qu'à l'équilibre de la production : « [On peut considérer] non seulement les services producteurs comme s'échangeant contre des produits et les produits comme s'échangeant contre des services producteurs, mais considérer même les services producteurs comme s'échangeant en fin de compte les uns contre les autres. » [Walras, 1900, 1952, p. 195]. C'est dire d'une autre façon, que chaque revenu ne peut finalement être dépensé, donc détruit, que là où il a été produit et, en l'absence de transferts sociaux etc., sur qui l'a produit.

Le principe que nous avons dégagé par la parabole de Robinson Crusoé reste tout à fait pertinent dans nos économies, quand bien même les procédures sont un petit peu plus complexes. Ce qui est vrai pour les salaires, l'est aussi pour les profits redistribués aux ménages, alors que ça ne l'est pas pour les profits non redistribués.

CHAPITRE 4

FORMATION ET PARTITION DES PROFITS

L'une des originalités du rapport salarial est que : « Dès que l'échange monétaire est conclu sur le marché des services producteurs, les entreprises se donnent la possibilité de « capter » une partie des salaires émis. » [Schmitt, 1984, p. 365]. Aussi, ce n'est pas parce qu'ils reçoivent d'abord l'intégralité du produit dans sa forme monétaire que les salariés disposeront finalement de la totalité de ce qui a été produit. Les entreprises s'immiscent dans les échanges réalisés sur les marchés, en tant qu'intermédiaire entre les titulaires de revenus, mais aussi pour réaliser des profits. S'il reste vrai qu'au plus profond il y a bien échange entre services producteurs, il n'empêche que les entreprises s'interposent dans les échanges en proposant de livrer les produits moyennant un certain prix, généralement différent du coût unitaire de production. Leur objectif est de former un profit afin de rémunérer leurs ayants droit, c'est-à-dire leurs propriétaires et créanciers, et d'autofinancer en partie leurs investissements et l'amortissement y afférant.

Les profits dont nous parlons ici sont macroéconomiquement nets. Cela signifie que le profit de l'une n'est pas la perte de l'autre et que toutes les entreprises peuvent former simultanément des profits. La conséquence logique de cela est que tout profit macroéconomiquement net est formé au sein même des salaires que chacune a versés à ses employés. Cela s'inscrit dans le principe que nous venons d'énoncer selon lequel tout revenu est nécessairement dépensé là où il a été formé.

LES PROFITS SONT PRIS DANS LES SALAIRES

Il est certain que dans nos économies de salariat généralisé, les prix ne sont pas une autre mesure des produits qui serait postérieure ou à côté des unités de salaire. Leur fonction principale est de déterminer, sur les marchés des produits, une répartition des revenus réels qui ne coïncide pas avec celle qui a été faite initialement sur le marché du travail. Les travailleurs reçoivent d'abord l'intégralité du produit sous forme de salaires. Les prix sont représentatifs du pouvoir qu'ont les entreprises, dépositaires des produits physiques, de définir après coup (rétroactivement) le pouvoir d'achat qui revient finalement aux salariés. Autrement dit, c'est au regard des prix que l'on peut distinguer entre salaire nominal et salaire réel. En fonction des prix pratiqués, les entreprises provoquent une structuration des unités de salaire qu'elles ont versées en deux grandes catégories : les revenus salariaux, *i.e.* les revenus réels des travailleurs, et les revenus non-salariaux ou revenus dits du capital, que nous désignons par le terme générique de profit[1].

Sans entrer dans plus de détails ici, il est bon de remarquer que, certes, les profits se forment sur les marchés des produits, mais que les revenus non-salariaux sont d'abord des anticipations qui sont faites sur le marché financier. Qu'ils prennent la forme d'intérêts, de dividendes ou de rentes, ils ont pour objet de rémunérer des prêts à la production financés grâce à l'épargne des ménages. Aucun revenu n'est créé sur le marché financier, ils sont tous originaires de la production et initialement constitués

---

[1] Ici, nous n'abordons pas la question des transferts sociaux, qui sont neutres au regard de la question que nous analysons.

d'unités de salaires. Cela signifie que les revenus non-salariaux, intérêts, dividendes, rentes, etc., sont eux-mêmes composés d'unités de salaires. De cela, il découle que les profits sont une partie des salaires lancés dans la rémunération des facteurs de production et dépensés sur les marchés des produits, ce qui signifie encore, que certains travailleurs sont occupés à produire des salaires qui servent en réalité de base à l'émission de revenus non-salariaux, et qui n'alimentent donc pas le pouvoir d'achat réel dont dispose l'ensemble des travailleurs.

On a pour habitude de traiter du profit comme d'une catégorie unique homogène. Or, Bernard Schmitt a mis en exergue le fait que nos économies connaissent deux catégories de profits : 1- les profits redistribués aux ménages, intérêts, dividendes et rentes, et 2- les profits non redistribués, captés finalement par les entreprises.

La nécessaire distinction de ces deux catégories découle de ce que, si leur formation suit la même mécanique, leur existence même et leur dépense ne répondent pas aux mêmes relations socioéconomiques.

Les profits redistribués supposent que les entreprises aient une fonction de pures intermédiaires entre les ménages, alors que les profits non redistribués sont le signe que les entreprises ne sont pas totalement transparentes et qu'elles s'interposent en tant qu'agents à part entière.

Le profit redistribué s'inscrit dans une relation médiatisée par les entreprises entre propriétaires du capital et salariés, il ressortit à la logique du circuit général ou anthropologique. Entre les ménages, c'est à qui bénéficiera finalement des unités de salaire produites dans la période courante. C'est généralement cet aspect des choses et ses conséquences sociales qui sont retenus par nombre d'économistes qui tendent à minimiser le rôle du profit non redistribué. Ce dernier étant vanté par certains autres.

Le profit non redistribué marque le fait indéniable que dans la réalité de nos économies, les entreprises ne sont pas de purs intermédiaires entre les ménages. Puisque le profit n'est pas redistribué, c'est qu'il est accaparé par les entreprises. En cela est déterminée une structure relationnelle bien particulière. L'ensemble des ménages, capitalistes et salariés, fait face à l'ensemble des entreprises en tant qu'entités non-humaines[1]. L'existence même de ce profit, net au regard des revenus des ménages, se traduit par la naissance d'un circuit du capital. Celui-ci n'est pourtant pas une excroissance du circuit anthropologique, comme le pense notamment Poulon [1982, 2018]. Il fonctionne au sein même du circuit anthropologique.

Outre leur distinction structurelle, on peut aussi établir une distinction temporelle au regard de l'objet de leur dépense : « – Les profits *redistribués* sont des revenus formés et dépensés dans la production de la même période. – Les profits *investis* sont formés dans la production d'une période et dépensés dans la production d'une autre période. »[2] [Schmitt, 1984, p. 200].

LA FORMATION DU PROFIT

Dans la mesure même où ils sont composés d'unités de salaires captées sur les marchés des produits, les profits sont formés suivant un processus unique qui s'articule sur l'unité organique des trois marchés : marché du travail, marché financier et marché des produits. Nous l'avons évoqué au-

1 Cette distinction entre entités humaines et non-humaines ne peut être faite dans le cadre d'une analyse en termes de valeur. Une valeur peut être formée sur une entité non-humaine, alors que tout revenu est *nécessairement* formé sur une personne physique, humaine.

2 La période ne répond pas nécessairement à une succession dans le temps calendaire.

dessus, le marché financier participe directement du processus en raison de ce qu'il s'inscrit dans la distanciation entre le marché du travail et celui des produits. En cela, il n'est pas neutre, puisqu'il est le lieu où sont définis et répartis les revenus non-salariaux : intérêts, dividendes et fonds destinés à l'autofinancement. Nous ne discuterons pas de la répartition entre ces catégories pour nous limiter à l'explication de la formation du profit en gardant à l'esprit qu'il s'agit d'anticipations.

Le processus de la formation du profit[1] peut être synthétisé grâce à un exemple numérique simple. Supposons que la production de la période ait occasionné l'émission de 100 unités de monnaie (UM) parce que les salariés ont été rémunérés à concurrence de 100 unités de salaire (US)[2]. Supposons encore que les entreprises anticipent la réalisation d'un profit de 20 US, c'est-à-dire qu'elles vont faire en sorte qu'en dépensant l'intégralité de leurs revenus, les salariés ne puissent se procurer des produits que pour 80 unités de salaire alors qu'ils dépensent la totalité de leurs salaires, soit 100 US. Pour ce faire, elles offrent leurs produits au prix de 125 UM. Pour simplifier les choses, nous supposons que les salariés dépensent effectivement l'intégralité de leurs revenus en consommation dans la période courante. Évidemment, ne disposant que de 100 UM, ils ne peuvent dépenser 125 UM. Au plus, ils dépensent 100 UM. Les prix étant de 125 UM, en dépensant la totalité de leurs salaires, les travailleurs

[1] L'explication que nous donnons ici est directement inspirée des travaux de Schmitt [1984]. Elle mériterait sans doute de plus amples développements et démonstrations, mais ce n'est pas le lieu ici.

[2] Il s'agit bien d'unités de salaires, c'est-à-dire d'unités de monnaie dans lesquelles sont inscrits les produits des salariés. La distinction entre unité de monnaie, UM, et unité de salaire, US, est tout à fait essentielle dans la compréhension du processus de formation du profit.

vont obtenir : $\frac{100}{125}100 = 80$ US. Ainsi, le salaire réel est de 80 US et le profit réel réalisé par les entreprises est de 20 US.

Les entreprises recouvrent les 20 UM qu'elles ont versées en salaires, ce qui leur permet de rembourser l'intégralité de leur dette bancaire, tout en conservant par devers elles les produits qui leur correspondent. Elles ont capté 20 US en monnaie et elles détiennent en stock des produits d'une valeur de 20 US, or elles ont versé ces 20 US aux travailleurs. On peut saisir après coup, qu'elles ont en fait obtenu ces produits, non pas sur le marché des produits, elles ne les ont pas achetés et ils ne leur ont pas été livrés sur ce marché, mais sur celui du travail, au moment même où elles ont versé les salaires. La formation des profits sur les marchés des produits a un effet rétroactif sur la répartition de la production sur le marché du travail. Les profits, et par extension les revenus non-salariaux, sont tout autant des coûts que les salaires réels dont disposent finalement les travailleurs. Ce sont des coûts qui ressortissent à l'activité des travailleurs, et en aucun cas d'une quelconque dépense de capital de la part des entreprises. En outre, on peut saisir que le profit est une « catégorie gigogne » des salaires, il est logé dans les unités de salaires versées aux travailleurs. Il s'agit donc pour les entreprises de capter ces 20 US de pouvoir d'achat sur le marché des produits lorsque les salariés dépensent 100 US. Ces derniers n'obtiendront donc que 80 US de produits en dépensant 100 US. Le prix de 80 US est donc de 100 UM. On le voit, de l'écart entre le prix, 100 UM, et la valeur de ce qu'obtiennent les salariés, 80 US, le pouvoir d'achat correspondant au montant du profit, 20 US, n'est pas épuisé. Cependant, ces unités de monnaie sont débitées, donc détruites[1], aux comptes courants des salariés. Il s'ensuit que de nouvelles unités de monnaie doivent être créées[2] par les banques afin que les dividendes, les intérêts, les rentes, etc. soient versés à leurs ayants droit. La duplication des unités de salaires « captées » est une opération financière par laquelle les banques prêtent de la monnaie aux titulaires de profits. La formation des profits est donc une opération qui mobilise le marché financier en même temps que les deux autres marchés, du travail et des produits de consommation. Le prêt est remboursé lorsque les titulaires de profits achètent des produits ou des titres financiers. Les banques vont donc émettre de nouvelles unités de monnaie en s'appuyant unité par unité sur les 20 US qui leur sont revenues et qui ont été détruites lors de paiements effectués par les salariés, mais dont les produits correspondants restent disponibles. Si nous en restions là, force serait de conclure que la monnaie ferait défaut pour l'écoulement des biens-profit qui sont vendus au même prix que les autres produits, donc avec application d'un coefficient de 1,25 aux unités de salaire émises. En réalité, les entreprises sollicitent un prêt auprès des banques afin qu'elles créditent de 25 UM les comptes des titulaires de revenus non salariaux[3]. Répétons-le, ces 25 UM sont des unités de monnaie et **non pas** de nouvelles unités de salaire. Dans l'opération de prêt monétaire effectuée par les banques au titre du profit, les nouvelles unités de monnaie émises dupliquent, une par une, celles qui avaient été

---

[1] Rappelons qu'aucune unité de monnaie n'est transmise dans un paiement.

[2] Faute de cela, nous aurions une plus-value non réalisée.

[3] Si les banques versaient 20 UM aux titulaires de revenus non-salariaux, ceux-ci achetant les produits au prix courant verseraient 20 et obtiendraient 20/1,25=16, les entreprises leur reverseraient alors 4, auquel s'appliquerait le coefficient 1,25, donc on leur reverserait 4, etc. Ce qui en fin de compte revient au même que de leur verser directement 25 UM. Donc 25 UM « valent » 20 US.

lancées lors du versement des salaires ; aussi ces unités de monnaie ne sont-elles pas vides, puisqu'elles ont pour teneur les produits non livrés aux salariés.

En réalité, les prix ne sont pas une autre mesure des produits. Ce ne sont pas des grandeurs, mais des variables qui jouent le jeu de coefficients de répartition. Ils ont pour fonction de scinder le produit global en deux grandes catégories : 1- les biens-salaires, qui sont obtenus par les travailleurs, ici 80 US et 2- les biens-profit[1], qui sont d'abord captés par les entreprises, pour être répartis ensuite entre leurs ayants droit, ici 20 US. L'ensemble des ménages dispose donc de 100 US de produits.

De cette explication du profit découle un principe général : le profit étant pris dans les salaires, son montant courant ne peut être supérieur à celui des salaires de la période courante. Il s'ensuit que la part du produit national dont peuvent disposer les titulaires de profits ne peut être supérieure à la moitié de ce même produit.

Puisque le profit est redistribué, la répartition des produits est réalisée entre ménages. Les entreprises sont de pures intermédiaires qui ne conservent rien du produit courant. En cette occurrence, il semble que l'investissement soit financé grâce à l'épargne volontaire des ménages suivant un processus similaire à celui que l'on présente habituellement dans les manuels. En réalité, dans nos économies, et contrairement à ce que suggèrent les représentations néoclassiques, les entreprises ne sont pas transparentes. On observe en effet un phénomène d'autofinancement de l'investissement, qui suppose que les entreprises ne redistribuent jamais la totalité des profits qu'elles ont réalisés.

---

[1] Ici, par biens-profit, nous désignons des biens, qui constituent la teneur des salaires, qui ont été captés en profit ; ce sont donc des biens-salaires à l'origine, mais qui sont « rétroactivement » convertis en teneur des profits monétaires réalisés sur les marchés des produits.

LA DÉPENSE DU PROFIT NON REDISTRIBUÉ

L'objet de la redistribution des profits est de verser des revenus aux ménages ayant prêté volontairement ou non leur épargne aux entreprises aux fins d'investissement. Par les dividendes, les intérêts et les remboursements d'emprunts, ce n'est pas le capital initialement prêté qui est restitué aux ménages, mais de nouveaux revenus qui permettent d'acheter les nouveaux produits. Toutefois, cette redistribution est le signe tangible que les prêts des ménages aux entreprises sont des avances de profit, et que l'investissement est toujours financé par un profit présent ou avancé. Ce sont finalement les profits non redistribués qui financent les investissements.

Investis, les profits non redistribués ne sont pas une consommation différée. Ils sont une fraction du revenu national qui échappe définitivement à la consommation des ménages. Ils sont en effet consacrés à des dépenses finales, soit dans la production de biens d'investissement, soit sur les marchés financiers. Quelle que soit leur utilisation, ils sont intégrés dans le patrimoine des entreprises, autrement dit accaparés économiquement par ces dernières. Dire cela, c'est dire que grâce à ces profits, les entreprises réalisent leurs propres objectifs d'accumulation, qui, en certaines circonstances, peuvent ne pas coïncider avec les intérêts des ménages qui en sont les propriétaires juridiques.

En raison de la non redistribution du profit, le modèle général du circuit doit être réinterprété en tenant compte de la présence des non-personnes que sont les entreprises. Du fait qu'elles conservent une fraction du revenu, les entreprises se déterminent en tant qu'ensemble titulaire de revenus, et à ce titre s'inscrivent à côté de l'ensemble des ménages dans le circuit global. Il n'y a donc aucune raison soit remis en cause, quand bien même l'objectif économique ultime des entreprises est d'accumuler du capital et non pas de consommer. Cependant, si les épargnants n'avaient pas en perspective de consommer leur épargne sous une forme ou une autre, à un moment ou un autre, ils ne confieraient pas leur capital monétaire aux entreprises. Or les ménages prêtent aux entreprises. Ainsi, au temps près, le principe selon lequel tout revenu se forme inévitablement sur des personnes physiques et est dépensé finalement en consommation par des personnes physiques, n'est nullement contredit par la non redistribution des profits. À ce stade de l'analyse, la notion de « consommation productive » n'a aucune pertinence.

L'ensemble des entreprises ne consomme pas. Les biens de consommation teneur des profits non redistribués sont entre les mains de cet ensemble parce qu'il les a achetés sur le marché du travail. Il s'ensuit que l'ensemble des entreprises ne peut dépenser finalement le profit monétaire courant sur le marché des produits dans l'achat de ces mêmes biens de consommation. Il ne viendrait à l'idée de personne en effet, de dire qu'un agent économique pourrait s'acheter à lui-même des biens qu'il détient déjà. Aussi, le profit monétaire, qui est net pour l'ensemble de l'économie, ne sera pas dépensé par les entreprises dans l'achat des produits qui en sont la teneur. Pour assurer leur existence, elles sont donc contraintes de convertir les biens de consommation qu'elles détiennent en moyens de production et équipements divers. De cela découle un autre principe général, à savoir que l'ensemble des entreprises ne peut dépenser les profits non redistribués que dans le financement d'une nouvelle production, autrement dit, dans la réalisation d'un investissement net[1]. Or, cet investissement est net parce qu'il consiste en une nouvelle production de nouveaux moyens de production, qui suscite l'émission de nouveaux salaires dans un secteur économique spécifique : le secteur de l'investissement.

Du fait de leur nature économique[2], les produits du secteur de l'investissement ne sont pas offerts aux ménages, ils sont fixés dans l'espace des entreprises. L'autofinancement de l'investissement net est l'opération par laquelle les entreprises achètent, sur le marché du travail, des biens qui sont d'emblée des biens capitaux. Étant, à strictement parler, la propriété économique[3] des entreprises, ils font partie intégrante de leur patrimoine productif. Ce capital fixe, issu de l'épargne forcée que sont les profits non redistribués, sera amorti de telle manière que l'épargne ne sera jamais restituée aux ménages sous quelque forme et de quelque façon que ce soit.

Dès lors que des salaires sont payés à l'aide de profits[4], les conditions sont réunies pour que naisse le **capitalisme**, c'est-à-dire un système dans lequel l'ensemble des individus est soumis à l'impératif de mise en valeur, de renouvellement et d'accroissement du capital accaparé par des non-personnes : les entreprises.

---

[1] Ces profits peuvent être placés sur les marchés financiers, ils sont donc prêtés de façon directe ou indirecte au sein de l'ensemble des entreprises à des fins de production.

[2] Alors qu'au plan physique, rien n'empêche un ménage d'acheter une grue, par exemple.

[3] Propriété qu'il ne faut pas confondre avec la propriété juridique. Ce sont toujours des personnes physiques qui sont finalement juridiquement propriétaires.

[4] Marx expliquait dans *Principes d'une critique de l'économie politique*, [1857-1858, 1968, p. 348 *et sq.*], que le capital naît d'une dépense d'argent (d'une épargne) pour payer les salaires des travailleurs.

CHAPITRE 5

LE CŒUR DU CAPITALISME

Dès sa formation, tout profit est un capital. En sa forme première, il est constitué de biens de consommation stockés qui font face à une épargne monétaire. L'investissement en moyens de production nécessite donc la métamorphose économique[1] de biens de consommation en équipements et approvisionnement divers. Pour saisir la formation du capital productif, il faut donc expliquer en quoi la dépense du profit monétaire convertit les biens de consommation en capital. Pour Marx, qui se place dans une perspective historique, le capital est cette « [...] richesse d'argent qui a la faculté, d'une part, d'acheter les conditions objectives du travail, et, d'autre part, celle d'échanger contre de l'argent le travail vivant offert par les travailleurs devenus libres. » [Marx, 1857-1858, 1968, p. 350]. L'investissement du profit monétaire ne se résume pas à l'achat de marchandises sur les marchés des produits, mais en « L'achat du travail [qui] est identiquement l'achat du produit du travail. » [Schmitt, 1984, p. 204]. Autrement dit, les équipements divers sont directement achetés sur le marché du travail, lors même que sont rémunérés les travailleurs. C'est de ce rapport social de production particulier duquel est formé le capital fixe que naît le capitalisme.

[1] Économique. Un certain nombre de produits peuvent être utilisés soit pour une consommation finale, soit en tant que moyen de production.

C'est au sein des entreprises qu'en ses diverses formes physiques[1], le capital fixe est usé, touché d'obsolescence et finalement détruit, ou comme l'on dit souvent « consommé productivement ». Cela parce qu'il contribue à la formation de nouvelles richesses en augmentant la productivité du travail. Cependant, puisque les ménages ne sont pas propriétaires du capital fixe, ils ne peuvent non plus l'être des biens destinés à maintenir sa valeur financière. Ils ne peuvent pas les acheter, alors que la valeur du capital est néanmoins maintenue grâce à leur travail.

LA FORMATION DU CAPITAL FIXE

Qu'il soit financé par l'épargne volontaire des ménages ou par les profits courants non redistribués[2], qui sont de fait une épargne involontaire des ménages, le principe général qui préside à l'investissement net, donc à la Formation Nette de Capital Fixe, est le même : la formation du capital fixe est financée grâce aux profits présents ou avancés, réalisés par les entreprises du secteur de la consommation.

La teneur du profit monétaire formé dans ce secteur consiste en biens de consommation, aussi, pour obtenir des biens de production, il faut que les profits du secteur de la consommation soient convertis en biens de production. Cette conversion du profit monétaire en biens d'investissement suppose qu'il soit dépensé dans une nouvelle production au bénéfice exclusif des entreprises. L'investissement du profit est donc une opération dans laquelle les entreprises, qui le dépensent pour leur propre

---

1 Sont donc regroupés sous le même vocable de « capital fixe » ces différentes formes, les outils, les machines, les approvisionnements, etc.

2 Nous rassemblons ces deux réalités sous une notion unique reprise de la comptabilité nationale, l'épargne brute.

compte, mobilisent d'autres entreprises qui leur fournissent des équipements. L'opération d'investissement se déroulant dans des relations inter-entreprises, elle aboutit à la formation d'un capital définitivement enfermé dans l'ensemble des entreprises. C'est pour cette raison que l'on peut le qualifier de fixe.

À ce point de l'analyse, il nous semble tout à fait légitime d'exprimer le produit global en tenant compte de la structuration de l'économie en deux secteurs : un secteur de la consommation et un secteur de l'investissement, ce que l'on synthétise généralement par l'équation : **R = C + I**, avec **I = E**, telle qu'on la trouve ordinairement dans les manuels.

Cette notation coïncide avec le fait que tous les salaires, quoiqu'ils soient formés suivant la même procédure, ne correspondent pas tous au même type de phénomène. Les salaires émis dans le secteur de la consommation sont, comme nous l'avons vu précédemment dans ce travail, payés grâce à une monnaie émise *ex nihilo* sans recours à quelque fonds que ce soit. Ils sont réels dans le sens où ils sont composés d'unités de monnaie porteuses des produits dont la création a suscité leur émission. En revanche, dans le secteur de l'investissement, les choses sont différentes.

Les profits financent l'investissement, donc la production réalisée par les entreprises du secteur de l'investissement. Cela signifie que contrairement à ce qui se passe dans le secteur de la consommation, ce n'est pas la dépense des salaires formés dans le secteur de l'investissement qui finance la production des équipements. Puisque les biens qu'ils ont produits sont achetés par des entreprises, les salariés ne peuvent pas acheter, même indirectement, les biens d'investissement. La dépense du profit est finale, à la fois dans le sens où son pouvoir d'achat est détruit et dans celui où les biens sont accaparés de manière définitive. En conséquence, les salariés du secteur de l'investissement perçoivent des unités de monnaie sans teneur. Il s'avère après coup, une fois que les transactions inter-entreprises sont réalisées, que les unités de monnaie que reçoivent les travailleurs qui produisent les biens d'investissement sont en réalité une réémission des profits monétaires déposés dans les banques. Les banques jouent un rôle clé, puisque c'est grâce à elles que peut avoir lieu la réémission de la forme monétaire d'anciens revenus dont le pouvoir d'achat n'est pas épuisé. Ce ne sont pourtant pas ces revenus réels que perçoivent les travailleurs. Le rôle des banques est ici essentiel.

Si la monnaie était matérielle, le paiement des salaires serait un échange de biens. Les travailleurs recevraient un produit, la monnaie, en cédant leur produit, les biens d'équipement. Leurs salaires seraient réels. Du fait que la monnaie est bancaire, leurs salaires sont purement nominaux, ils n'obtiennent que la forme numérique des produits qu'ils ont émis.

Il est indéniable que les travailleurs du secteur de l'investissement reçoivent une monnaie nouvellement émise et qui leur est versée au titre de leur activité productive. Elle est émise à raison de la production des équipements, elle est leur forme numérique. Il est donc certain que les nouveaux biens capitaux sont inscrits dans la monnaie nouvellement émise qui est versée aux salariés, mais ça n'est que de manière fugace, puisqu'ils sont déjà achetés par les entreprises du secteur de la consommation. Les choses sont claires : les salariés, ni aucun autre ménage, ne reçoivent pas le pouvoir d'acheter les biens qu'ils ont produits. Ceux-ci ne leur sont pas offerts. Dans le mouvement même du paiement des salaires est confirmé l'achat des équipements, puisque les unités de monnaie qu'ils reçoivent ne sont autres que la réémission de la forme monnaie du profit dépensé. Les moyens de production sont donc sans délai sortis de la monnaie qui, de ce fait, est dépourvue de contenu. En fin de compte, les travailleurs reçoivent une monnaie « vide »[1]. Ainsi, au regard de leur activité propre, les salariés du secteur de l'investissement disposent d'un revenu purement nominal, puisque les unités de monnaie qui leur sont versées sont, pour eux-mêmes et pour l'ensemble des ménages, dépourvues de pouvoir d'achat.

Cependant, quoique leurs revenus soient purement nominaux, les salariés de ce secteur sont *a priori* demandeurs de biens de consommation. Or, ils n'entrent pas dans une relation d'échange « normale » avec les autres producteurs, puisque les unités de monnaie dont ils disposent étant vides, ils n'apportent pas de marchandises sur le marché. L'émission de monnaie « vide » présente évidemment un caractère inflationniste. Son existence même suppose une demande globale (nominale) excédentaire par rapport à l'offre globale réelle qui est, au regard du revenu nominal, diminuée de la valeur des biens accaparés par les entreprises. Mais, en réalité, l'effet inflationniste est compensé.

Lorsque les entreprises du secteur de l'investissement versent des salaires, elles ne puisent pas dans le « vieux » revenu (profit) dont la teneur ne serait pas encore consommée, nous l'avons dit. Elles leur versent de nouvelles unités de monnaie émises en regard de leur activité productive. Certes, leurs produits sont achetés par les entreprises et les unités de monnaie qu'ils détiennent sont, de ce fait, « vidées », elles ne sont donc pas constituées en unités de revenu réel. Cependant, les travailleurs ne reçoivent pas rien. Aux profits monétaires utilisés pour acheter les biens d'investissement correspondent des biens de consommation stockés dans le secteur de la consommation et qui sont la teneur originelle des profits. En fait, dans le secteur de l'investissement,

[1] Nous reprenons ici le vocable utilisé par Schmitt.

l'opération de versement des salaires est de nature financière, puisqu'elle ne vaut pas formation d'un nouveau revenu réel net en relation avec la production de nouveaux produits, mais consiste en un transfert réciproque de marchandises, réalisé dans une opération financière par laquelle les biens de consommation sont métamorphosés en biens de production. Cette métamorphose mobilise le marché financier.

Les profits investis, c'est-à-dire dépensés dans la production des équipements, fonctionnent comme un capital constitué en fonds des salaires. C'est que les produits des entreprises du secteur de l'investissement sont directement déposés dans l'avoir des entreprises du secteur de la consommation, les travailleurs ne les détiennent jamais, même pas de manière transitoire sous forme monétaire. Donc, à strictement parler, ce ne sont pas des salaires qu'ils reçoivent en rémunération, mais des « signes » représentatifs du nouveau capital fixe. Les unités de monnaie qu'ils reçoivent ne sont pas « chargées » de leurs produits. En revanche, émises à partir du profit formé dans le secteur des biens de consommation, elles sont « représentatives » des biens de consommation stockés précédemment en tant que teneur du profit monétaire qui a permis l'achat des équipements.

Le rapport d'échange entre travailleurs et entreprises du secteur de l'investissement n'est pas à proprement parler de la nature d'une pure relation salariale de production. Le versement des salaires consiste en une opération financière qui, grâce à l'intermédiation du système bancaire et à travers les entreprises du secteur de l'investissement, est concrétisée par un transfert de marchandises. Les biens de consommation épargnés sont échangés contre le travail traité comme une marchandise. En l'occurrence, nous pourrions utiliser le vocable marxien de force de travail dans ce cas très précis, puisque les travailleurs de ce secteur reçoivent du capital, des titres financiers, en guise de rémunération et non pas un revenu réel net, c'est-à-dire des unités de monnaie pleines de leurs produits, comme ça devrait être le cas si les entreprises ne s'appropriaient pas les biens capitaux. Les titres que reçoivent les travailleurs en rémunération leur donnent le droit de se procurer les biens de consommation stockés auxquels ils correspondent et qui sont maintenant présentés par les entreprises sur les marchés. Nous pouvons dire qu'en cédant leurs titres aux entreprises du secteur de la consommation, ils obtiennent la forme physique première du capital fixe que les entreprises s'approprient en le métamorphosant en moyens de production.

En fin de compte, dans la période courante, la demande excédentaire de l'ensemble des entreprises en matière d'équipements sur le marché du travail, est compensée par leur offre excédentaire de biens de consommation précédemment produits. L'offre globale est identique à la demande globale. L'investissement net ne provoque aucun déséquilibre économique. La Formation Nette de Capital Fixe, mobilisant simultanément le marché des produits, le marché du travail et le marché financier, du fait de l'intermédiation des banques, s'inscrit sans aucun doute possible dans le circuit anthropologique en respectant le principe fondamental de la production-consommation.

L'investissement tel que nous le connaissons aujourd'hui est une véritable opération d'accaparement de valeur, donc de produits, par l'ensemble des entreprises. L'épargne monétaire initiale convertie en capital fixe est à demeure dans l'espace des entreprises, cependant dans l'opération d'investissement et du fait de l'intermédiation des banques, les travailleurs reçoivent l'équivalent de cette épargne monétaire. « Ainsi, on discerne bien une pathologie, écrit Schmitt. Déjà absorbé dans le capital instrumental, le capital monétaire se présente une deuxième fois : il est présent dans l'ensemble des entreprises (au sein du capital instrumental) et additivement dans l'ensemble des titulaires de revenus (sous la forme de titres aux biens-salaires stockés). » [Schmitt, 1984, p. 515-516]. Cette double présence du capital est le noyau même du capitalisme, dont l'implantation dominante sur l'ensemble de l'économie est pérennisée par le processus de l'amortissement.

L'AMORTISSEMENT DU CAPITAL FIXE

L'amortissement du capital fixe peut être défini comme le processus unitaire de destruction et de reconstitution de sa valeur. Le capital fixe se dégrade physiquement au fur et à mesure qu'il rend des services productifs tels des gains de productivité ou qu'il est livré aux ménages dans son caractère circulant. Au-delà de sa détérioration physique, il est aussi touché par l'obsolescence, bref, il perd de sa valeur en même temps que de ses caractéristiques physiques au cours de la production. Aussi, pour que les entreprises ne dépérissent pas, est-il nécessaire de le reconstituer de période en période en ses différentes formes. Pour que le capital rende des services dont bénéficie l'ensemble de la collectivité, une partie de l'activité productive courante doit être dévolue à son amortissement. Il en résulte que l'économie capitaliste est structurée en trois secteurs productifs : 1- un secteur de la consommation, 2- un secteur de l'investissement et 3- un secteur de l'amortissement.

De l'investissement du profit naît un circuit spécifique du capital qui, bien qu'inscrit dans le circuit anthropologique, reste localisé dans l'ensemble des entreprises. L'amortissement est un moment de ce circuit. L'accaparement du capital fixe par les entreprises est confirmé de période en période. Dans ce secteur, l'activité des salariés ne leur apporte, ni aux autres ménages d'ailleurs, aucun revenu réel supplémentaire. L'amortissement n'a d'autre finalité que de nourrir le capital lui-même.

Le schéma généralement retenu par les économistes pour présenter ce processus s'appuie sur l'idée, dirons-nous « classique », selon laquelle les ménages étant propriétaires économiques du capital fixe, l'amortissement relèverait de relations entre ménages, épargnants et consommateurs, et entreprises dépositaires du capital productif, mais intermédiaires transparents. Or, Schmitt [1984, 1996] montre que le processus d'amortissement du capital productif ne suit pas la voie « classique », mais fait naître une production, qu'il qualifie de « duale », et qui a pour effet de nourrir une suraccumulation de capital fixe.

L'amortissement « classique »

Dans ce schéma, que nous choisissons de nommer « classique », le capital fixe est la propriété, à la fois économique et juridique, des ménages qui l'ont financé par leur épargne volontaire. Quand bien même le capital productif est-il fixé dans l'espace des entreprises, l'investissement est réalisé par financement externe par l'intermédiaire du marché financier, par émission de titres ou d'emprunts auprès des ménages. De ce fait, la pérennité des entreprises et le maintien en l'état du capital productif est de la responsabilité des ménages[1], donc des relations qui s'établissent entre les travailleurs qui produisent les dotations aux amortissements et les capitalistes qui voient le montant des dividendes diminuer d'autant. Intermédiaires, les entreprises sont transparentes et ne conservent par devers elles que ce que leur confient les ménages.

[1] Sur cette question, on peut voir Lemarchand [1993].

En chaque période, des travailleurs sont occupés à produire des biens destinés à renouveler et entretenir l'ensemble des moyens de production. Aussi reçoivent-ils des salaires dont le montant est égal à l'amortissement. Ils ne vont évidemment pas dépenser leurs salaires dans l'achat direct des biens qu'ils ont produits. Pourtant, ce sont eux qui les financent de manière indirecte, conjointement avec les autres titulaires de revenus, lorsqu'ils achètent des biens de consommation dont la quantité disponible est en principe augmentée du fait des gains de productivité réalisés grâce à l'investissement. Nous sommes donc en présence de deux productions de même valeur, l'une en équipements de remplacement et l'autre en biens de consommation.

Supposons que le montant du capital disponible dans les entreprises était de **K** en début de période. Il est de **K - A** après la production des biens et services divers. Toutefois, du fait qu'ils ont produit les biens d'amortissement, les salariés détiennent en tant que substance de leurs salaires ces mêmes biens d'amortissement, **A,** c'est-à-dire l'équivalent de la valeur perdue par le capital lors de la production de biens de consommation. Étant donné que les titulaires de revenus détiennent **A**, pour l'économie dans son ensemble, le capital global est toujours de **K**.

Il est vrai, cependant, que la valeur du capital productif a diminué de **A**, elle est donc de **K – A**. Or, l'augmentation de la quantité de biens de consommation due à l'utilisation du capital est en principe égale aux coûts en capital, autrement dit le prix global des biens de consommation est calculé de telle sorte qu'il tienne compte des coûts en capital, c'est-à-dire des salaires émis dans le secteur des équipements de remplacement. Grâce aux achats réalisés par l'ensemble des ménages, les entreprises du secteur des biens de consommation forment un profit brut d'un montant de **A**, qui est destiné à approvisionner les dotations aux amortissements. Le montant de ces dotations est évidemment le même que celui des salaires versés aux travailleurs occupés à produire les biens d'amortissement. Les entreprises vont donc se procurer **A** et de la sorte reconstituer la valeur du capital productif à leur disposition.

Avant production, le capital était de **K**, du fait de la production, il est de **K – A** ; lors de la vente de biens et services aux ménages, les entreprises forment un profit brut de **A**. Il s'ensuit que leur capital disponible retrouve sa valeur originelle, **K – A + A = K**.

Dans ce processus, « classique », on ne peut observer aucun circuit spécifique du capital fixe au sein du circuit anthropologique. Les ménages, qui restent propriétaires du capital, financent le maintien de sa valeur au sein des entreprises.

Cependant, le mécanisme que nous venons de décrire ne recouvre pas toute la réalité de l'amortissement dans nos économies capitalistes. En effet, pour autant que les biens d'investissement sont accaparés économiquement par les entreprises, celles-ci doivent retrouver pour elles-mêmes la valeur perdue par le capital fixe du fait de son usage dans la production.

L'amortissement en capitalisme

Lorsque ce sont les entreprises qui sont les propriétaires économiques du capital : « les titulaires de revenus ne peuvent acheter directement les biens d'amortissement puisque le capital fixe ne leur appartient pas. » [Schmitt, 1984, p. 215]. En effet, si elles cédaient les biens d'amortissement aux ménages sans autre compensation financière, les entreprises verraient la valeur de leur capital diminuer. Afin de maintenir leur patrimoine productif en l'état, elles doivent renouveler les équipements et en même temps compenser ce que Keynes appelle « le coût d'usage » de leur capital, à savoir : « […] la réduction de valeur subie par l'équipement du fait de son utilisation par rapport à celle qu'il aurait subie s'il n'avait pas servi. » [Keynes, 1936, 1969, p. 93]. Autrement dit, elles doivent remplacer physiquement des biens capitaux qui se sont dégradés, touchés d'obsolescence ou sont livrés aux ménages lorsqu'ils consomment et, en même temps, recouvrer la valeur qu'a perdue le capital monétaire du fait de son investissement. Elles doivent donc 1- maintenir leurs capacités productives, c'est-à-dire se procurer des biens de remplacement dont la production suscite des coûts salariaux, et, dans le même mouvement, 2- maintenir la valeur de leur capital, autrement dit, compenser son « coût d'usage »[1] sans supporter de coûts salariaux supplémentaires pour ce faire et 3- fournir des biens de consommation aux travailleurs occupés à la production des biens de remplacement.

L'amortissement du capital fixe s'articule donc sur trois productions distinctes, et non pas deux comme le voudrait le modèle « classique ». Il est certain que si les trois productions sont simultanées, elles ne doivent pas être confondues.

Dans la suite, nous retiendrons les notations suivantes : **A** symbolise les salaires versés dans le secteur des biens d'amortissement, **C** les salaires versés dans le secteur de la production des biens de consommation et **U** les salaires versés dans la production destinée à compenser le coût d'usage.

[1] « C'est un avantage [du concept de coût d'usage]… qu'il s'applique au capital circulant et au capital liquide aussi bien qu'au capital fixe. » [Keynes, 1936, 1969, p. 97]

Dans la période courante, le revenu dont disposent les ménages est de **R = C + A**[1]. Les salariés[2] des deux secteurs de production se portent conjointement acheteurs de biens de consommation en dépensant leurs salaires : **C + A**. Le coût de production salarial de ces biens étant de **C**, les entreprises de ce secteur réalisent un profit monétaire brut de : **(C + A) - C = A**. Ce profit monétaire découle de ce que les salaires émis dans la production des biens d'amortissement sont en quelque sorte détachés des biens auxquels ils correspondent originellement pour être portés sur les biens de consommation ; c'est une latitude laissée par la division générale du travail. Le profit brut, **A,** qui est l'ajout à **C** en termes de prix sur le marché des biens de consommation, a pour teneur les biens d'amortissement. Il est toutefois bon de remarquer que, d'une certaine manière, les biens d'amortissement sont offerts aux ménages sous la forme de biens de consommation. Ce qui tendrait à remettre en question le concept de teneur des unités de salaire. Affirmer cela serait ne pas tenir compte de deux phénomènes, : 1- le principe général de la division du travail et 2- le fait que l'investissement net a pour effet d'accroître la productivité physique dans le secteur de la production des biens de consommation. Ainsi, du fait des gains de productivité dans ce secteur, une même unité de salaire contient autant d'unités de biens après investissement qu'avant. Ce sont les biens de consommation produits en plus, grâce au nouveau capital, que se procurent les employés du secteur de l'amortissement, qui ne « privent » pas de valeurs d'usage

[1] Nous faisons abstraction du secteur de l'investissement net en soi. Nous l'avons dit au-dessus, en sa forme première, le capital fixe est constitué de biens de consommation, donc le lecteur peut considérer que la production du capital fixe est comprise dans **C**.

[2] Ici, nous faisons abstraction des revenus de transfert, y compris les dividendes et les intérêts, puisqu'ils sont tous originaires des salaires, donc peu importe l'identité socio-économique des ménages.

les salariés du secteur de la consommation. À strictement parler donc, le profit brut **A** n'est pas formé au sein de **C**, mais dans **C + A**, puisqu'il découle de la dépense de **A** par les employés du secteur de l'amortissement. Les entreprises du secteur de la consommation captant les salaires émis dans la production des biens d'amortissement et dont le pouvoir d'achat n'est pas épuisé, puisque leur teneur existe toujours sous forme de stocks dans le secteur de l'amortissement, vont pouvoir acheter les biens d'amortissement pour renouveler leur capital productif. Ce schéma ressemble beaucoup à l'amortissement classique, puisque les ménages reçoivent indirectement la valeur des biens d'amortissement. Cependant, tout n'est pas dit. En raisonnant en termes de revenus, nous pouvons percevoir l'existence d'une production gigogne au sein du secteur de la consommation.

Les travailleurs employés dans le secteur de la consommation ont reçu **C**, or du fait que le prix de ces marchandises est de **C + A**, ils ne pourront pas se procurer **C** en produits et en valeur, mais seulement **C - A**. Alors qu'ils ont produit **C**, les travailleurs du secteur de la consommation ne bénéficient pas d'un pouvoir d'achat réel égal à **C**. Leur pouvoir d'achat est de **C - A**, alors qu'ils reçoivent nominalement **C** au titre de leur activité productive. La différence est constituée en un profit net des entreprises qui, grâce à cela, compensent le coût d'usage de leur capital fixe.

Les salariés du secteur de l'amortissement qui achètent des biens de consommation ne sont pas fauteurs de ce que les employés du secteur de la consommation disposent en termes réels d'un revenu de **C – A**. « Le lecteur observera, écrit Keynes, que nous éliminons le coût d'usage à la fois du « produit » et du prix de l'offre globale d'un certain volume de production ; ces deux termes doivent donc être entendus nets de coût d'usage alors que les sommes globales payées par les acheteurs sont, bien entendu, brutes de coût d'usage. » [Keynes, 1936, 1969, p. 52]. Les ménages ne peuvent donc pas accéder aux produits destinés à compenser le coût d'usage. La formation du capital fixe étant une demande finale des entreprises, la compensation de sa perte de valeur l'est également.

Désignons le coût d'usage par la lettre **U**. Nous pouvons alors écrire que lorsque les titulaires de **C** dépensent **C**, ils obtiennent **C – U**. En fait, ici, **U** n'est autre que le profit net d'un montant de **A** formé dans **C**. **U** est induit par le fait que le prix auquel sont vendus les biens de consommation étant de **C + A**, les titulaires de **C** ne peuvent obtenir que **C - A**. C'est dire que **U ≡ A**. Ainsi, **U** est en réalité l'image, ou plus concrètement la duplication économique, et pas obligatoirement physique, de ce qui est produit dans le secteur de l'amortissement. Pour cette raison, B. Schmitt désigne la production financée par le profit net induit dans le secteur de la consommation par le vocable de « *production duale* » [Schmitt, 1984, p. 221], dont nous désignerons dorénavant le produit par la lettre **U**.

Les titulaires de **C** ont émis des produits d'une valeur de **C**, puisque c'est le montant de leur salaire nominal, mais leurs salaires réels sont de **C – U**. Cette écriture montre qu'une partie de leurs salaires est vide de pouvoir d'achat pour un montant nominal de **U**. Les salariés ne peuvent donc pas acheter l'intégralité des biens de consommation qu'ils ont produits. Ce qu'ils n'achètent pas ne peut non plus l'être par les employés du secteur de l'amortissement. La conclusion s'impose : ils ne peuvent être achetés que par les entreprises du secteur de la consommation.

Il s'avère (principe de rétroactivité) que des travailleurs du secteur de la consommation sont payés à l'aide d'un profit. Les entreprises du secteur de la consommation captent et dépensent pour leur propre compte une partie des salaires émis dans leur secteur. Elles ont bien versé un montant de **C** en unités de salaire. Cependant au sein de ces **C** est présente la dépense du profit induit, **U**. Cela signifie qu'au titre de la production de biens de consommation, elles versent en termes réels **C – U** à leurs employés occupés à produire des biens de consommation et **U** à ceux qui sont occupés dans la production duale. Nous pouvons donc discerner économiquement deux secteurs d'activité distincts, alors que physiquement ils ne peuvent l'être. C'est la nature des revenus des travailleurs qui permet de les distinguer. Dans le secteur de la consommation, ils fabriquent tous les produits destinés en principe à la consommation finale des ménages. Cependant, une partie d'entre eux perçoit des unités de salaire vides, puisque alimentées par un profit. Ainsi, comme lors de l'investissement net, les travailleurs payés à l'aide d'un profit, produisent en réalité des biens capitaux qui viennent accroître le capital fixe. La partition en ces deux secteurs, spécifique aux économies capitalistes, résulte de ce que les entreprises exercent le pouvoir d'achat du profit net[1]induit, non pas sur les marchés des produits, elles ne consomment pas, mais sur le marché du travail lors même qu'elles versent des salaires d'un montant de **U** aux salariés du secteur dual.

Pour résumer les choses, nous pouvons dire qu'alors que l'amortissement classique s'articule sur deux productions, biens de remplacement et biens de consommation, en capitalisme, du fait même que les entreprises accaparent le capital, il nécessite trois productions : 1- celle des biens de remplacement, 2- celle de biens de consommation que peuvent se procurer les producteurs des biens de

[1] Que l'on peut qualifier d'induit du fait qu'il est formé grâce à ce que les prix pratiqués des biens de consommation, **C + A,** sont à ce niveau grâce à la dépense des salaires **A** versés dans le secteur de l'amortissement.

remplacement, 3- la maintenance de la valeur du capital approprié par les entreprises, objet de la production duale.

Remarquons que les « produits duals » n'ont pas nécessairement la forme de biens destinés à la consommation. On peut même penser qu'ils sont *a priori* des produits destinés à entretenir les équipements[1] et qui sont donc au plan physique de même forme que des biens d'amortissement, mais de nature économique différente. Un informaticien employé dans le secteur de la consommation qui installe un composant dans un ordinateur, fabrique la même chose que celui qui installe le même composant dans un ordinateur produit dans le secteur de l'amortissement. Au premier abord, il semble qu'ils font la même chose et que rien ne les distingue. Sur le plan technique, c'est vrai. D'un point de vue économique, ça ne l'est pas. Celui qui est employé dans le secteur de l'amortissement est rémunéré grâce à l'émission de nouvelles unités de salaires chargées de son produit, ce qui lui permet d'acheter des biens de consommation. Celui qui est employé dans le secteur de la consommation est rémunéré à l'aide d'un profit, autrement dit à l'aide d'unités de monnaie qui ont déjà été dépensées, son salaire est vide. Les unités de monnaie qu'il détient ne sont pas chargées de son produit, puisque celui-ci est acheté par l'entreprise qui l'emploie au moment même où son salaire lui est versé. Et lorsqu'il se procure des biens de consommation, c'est au détriment des autres titulaires de revenus. C'est la monnaie, ou plus précisément l'unité de salaire, qui caractérise économiquement l'activité et non pas les produits physiques. On le voit, les salaires des deux informaticiens ne sont pas de même nature.

---

[1] Sur la question, Keynes illustre son propos en prenant l'exemple d'un graisseur de machines. Sur le même sujet, Schmitt évoque un visseur de boulons.

Quoi qu'il en soit de leur forme physique, les produits de la production duale sont des capitaux fixes, puisque les salaires de leurs producteurs sont payés à l'aide d'un profit net.

Les deux profits, brut et net, ne s'ajoutent pas l'un à l'autre, ils n'existent pas dans le même espace. Le profit brut répond au maintien du capital en valeur et en capacités productives, il correspond à des biens intermédiaires de production. Le profit net, ressortit à une production de capital fixe « logée » dans le secteur de la production des biens de consommation et, du fait même qu'il est net, il est dépensé dans une opération d'investissement net et correspond à des biens finals. Les produits qui en sont la teneur sont donc sans délai incorporés au capital fixe en compensant financièrement le coût d'usage, c'est la raison pour laquelle ils ne sont pas offerts aux ménages.

Les salaires **U,** qui émanent de la dépense d'un profit, sont purement nominaux, ce sont simplement des nombres dénommés qui n'ont pas non plus le caractère de titres financiers. C'est qu'à la différence du processus de l'investissement courant net, en face du profit dépensé en salaires, ici **U**, il n'y a pas de produits de consommation épargnés et stockés que leurs titulaires pourraient se procurer. Les travailleurs employés dans la production duale travaillent gratuitement, ils produisent une plus-value puisque les biens auxquels ils donnent naissance sont directement intégrés au capital fixe sans jamais leur être offerts, ni aux autres titulaires de revenus. Le caractère inflationniste de **U** est indéniable, les unités de salaire qui le composent sont vides et, ici, contrairement à ce qui se passe lors de l'investissement net courant, il n'y a pas de compensation. L'inflation due à la production duale est définitive. Cela veut dire que de période en période, puisque cette production est recommencée à chaque période d'amortissement, l'inflation est répétée. Elle ne s'enchaîne toutefois pas dans le temps continu, l'inflation d'une période ne découle pas de celle de la période précédente. Elle est produite à nouveau en chaque période. Une des conséquences principales est, qu'en chaque période, les autres titulaires de revenus voient leur pouvoir d'achat diminuer. En effet, au sein des comptes de dépôts, les banques ne distinguent pas entre monnaie vide et monnaie pleine, et sur les marchés, les titulaires de comptes courants peuvent dépenser indifféremment de la monnaie pleine et de la monnaie vide.

Une autre conséquence de l'existence d'un secteur de production dual est que les biens produits dans ce secteur s'ajoutent à l'investissement net courtant. On a là un phénomène de surinvestissement net, auquel on pourrait attribuer un caractère dynamisant à certains stades du développement du capitalisme. Il reste que le « capital dual » créé dans la production duale est accumulé en surplus de l'accumulation courante. On est de fait en présence d'un processus de *suraccumulation* de capital fixe, avec toutes les conséquences que cela peut avoir, notamment sur son rendement global et l'emploi.

Supposons qu'avant production, le capital fixe était de **K**. Du fait de l'amortissement en son côté destruction du capital, il devient **K – U**. Puisque sont produits des biens d'amortissement, **A,** dont la valeur est égale à la dépréciation occasionnée par la production, nous avons : **K – U + A**, auxquels il faut ajouter le « capital dual » d'un montant de **U**. Comme **U ≡ A**, à la fin de la période, les entreprises sont détentrices d'un capital de :
K – U + U + U = K + U, et non pas **K**, c'est-à-dire d'un montant supérieur à ce qu'il était au début de la période. Il y a indéniablement suraccumulation.

Sachant cela, pour exprimer le produit national, il ne faudrait plus écrire **R = C + I**, mais pour tenir compte de la production duale : **R = C + I + U**, avec

C = consommation des ménages,

I = investissement brut (FBCF)

U = produit dual. Grandeur purement nominale entre les mains des ménages, mais qui correspond néanmoins à des produits[1]. En d'autres mots, **U** est ce que les entreprises, non-personnes inscrites dans le circuit général, s'approprient finalement au détriment des ménages.

L'écriture **R = C + I + U** rend compte du caractère capitaliste de nos économies. À proportion de la « production duale » les salariés ne travaillent ni pour eux-mêmes ni pour l'ensemble des personnes humaines, mais pour le capital fixé dans les entreprises : « *ils sont asservis au Capital* » [Schmitt, 1984, p. 223].

Le circuit du capital est indéniablement une composante du circuit anthropologique, car c'est l'ensemble des ménages, au premier chef les travailleurs, mais aussi l'ensemble des titulaires de revenus non salariaux, qui sont dépossédés d'une fraction du produit courant pour nourrir le capital. C'est là la marque spécifique du capitalisme de pervertir le principe de la production-consommation, puisque les entreprises peuvent dépenser des revenus de manière finale en lieu et place des ménages.

---

[1] Notons que le « produit dual » n'est pas nécessairement composé physiquement de biens d'équipement. Il vise à compenser le coût d'usage, c'est-à-dire à maintenir le capital en valeur et non pas nécessairement physiquement, ce qui est en revanche la finalité de la production des biens d'amortissement.

CHAPITRE 6

DE L'ASSUJETTISSEMENT DU TRAVAIL AU CAPITAL

La loi générale de l'économie est qu'en raison de son inscription dans la division générale du travail, chaque producteur consomme ce qu'il produit dans la limite de ses relations d'échange avec les autres à raison de sa place dans la société. Les travailleurs du secteur de la production duale « consomment » les revenus nominaux qu'ils perçoivent, non pas en achetant leurs propres produits qui ne sont pas *a priori* présents sur les marchés, mais par partage de ceux d'autres travailleurs. Cela parce que le caractère bancaire de la monnaie permet aux entreprises d'acheter des marchandises sur le marché du travail sans passer ni par le marché des produits ni par le marché financier.

L'assujettissement du travail au capital ne se limite pas à la production de plus-value, il concerne l'accès même des travailleurs aux moyens de production. Leur emploi dans le processus productif dépend du rendement escompté du capital par ses propriétaires. En capitalisme, ce qui motive au premier chef l'activité des entreprises, ce n'est pas la consommation ou le bien-être de l'humanité, mais l'accumulation et la valorisation du capital accumulé. Aussi, par rendement du capital, faut-il entendre les gains réalisés dans le processus productif (profit) tout autant que ceux réalisés dans des opérations financières (intérêt). L'existence même des entreprises s'inscrit dans deux perspectives différentes qui ne sont pas nécessairement cohérentes entre elles.

L'accumulation de capital fixe, aussi bien matériel que financier, est déterminante de l'activité et de la pérennité des entreprises en tant qu'entités capitalistes. Le niveau de l'emploi est dans une large mesure soumis aux niveaux relatifs de deux taux : le taux de profit et le taux d'intérêt monétaire. Le taux de profit ressortit à l'activité productive et son niveau évolue en fonction de l'accumulation et de la suraccumulation. Le taux d'intérêt monétaire résulte des actions conjointes des différents opérateurs sur le marché financier qui se combinent avec les choix des autorités monétaires sur le marché de la monnaie. Le taux d'intérêt de la monnaie ne s'inscrit pas dans des relations de causalité directe avec la production. Toutefois, il reste que l'intérêt est un revenu et que tout revenu est émis par le travail. Aussi, en dépit de la « financiarisation », la pérennité même du capitalisme dépend-elle de la production industrielle, autrement dit de l'emploi de travailleurs salariés dans la production d'équipements divers.

LE PARTAGE DE LA PRODUCTION DE LA PLUS-VALUE

Les titulaires d'unités de monnaie vide, employés dans le secteur de la production duale, sont partie prenante du circuit anthropologique : ils ont accès à des biens et services de consommation comme s'ils détenaient des unités de salaire réelles, ils participent donc à la répartition générale des produits. Étant donné que les unités de monnaie qu'ils dépensent ne sont dotées d'aucune teneur marchande, ils n'échangent pas à proprement parler avec les autres titulaires de revenus, puisqu'ils n'apportent rien en termes de marchandises sur les marchés. Il est certain que la monnaie qu'ils détiennent est de nature inflationniste, puisque détachée des produits qui ont suscité son émission, elle se présente comme une « boursouflure » dont l'utilisation sur les marchés se traduit inévitablement par un effet de dilution qui diminue la teneur de chaque unité de salaire réel. Autrement dit, le pouvoir d'achat de chaque unité de monnaie émise dans les autres secteurs est plus faible que ce qu'il serait sans la production duale. On ne peut pourtant pas qualifier l'émission de monnaie vide de surémission monétaire, puisque les salaires de la production duale sont émis au titre de la production de biens physiques.

L'existence des produits duals ne contredit en rien le principe général selon lequel l'offre globale est identique à la demande globale. Toutefois, il est vrai que sur les marchés des produits auxquels ont accès les ménages, la demande est supérieure à l'offre. Cela tient à ce que, capitalisés sans délai, donc demandés et achetés par les entreprises, les produits de la production duale étant dédiés à la compensation matérielle du coût d'usage, ils ne sont pas offerts aux ménages. Un déséquilibre s'instaure donc « mécaniquement » sur les marchés des biens de consommation, puisque les titulaires de monnaie vide demandent des biens de consommation en même temps que les autres détenteurs de revenus. C'est en raison de l'utilisation de cette monnaie vide que l'on peut observer une demande nominale excédentaire de biens de consommation, dont la première conséquence est une augmentation des prix relativement aux coûts de production de ces mêmes produits. Pourtant, la demande globale ne dépasse pas l'offre globale.

Le déséquilibre observé sur les marchés des produits tient à ce que les entreprises exercent une demande réelle, du montant de la plus-value, qui est satisfaite sans délai sur le marché du travail lors du versement des salaires. Au plan macroéconomique, la demande nominale est identique à la demande réelle, et cette dernière est indéniablement identique à l'offre réelle. Toutefois, cette identité comporte une dimension inflationniste du fait même que les entreprises accaparent des produits de manière finale.

À raison de cette inflation systémique, les employés des secteurs de l'amortissement et de la consommation partagent leurs revenus réels avec ceux du secteur de la production duale. Bien que non porteuse de produits, la monnaie vide est inscrite de manière indifférenciée avec la monnaie réelle dans les dépôts bancaires. Il s'ensuit que le pouvoir d'achat de la monnaie réelle dont disposent les ménages est inférieur à ce qu'il serait si le capital n'absorbait pas la production duale. En effet, les prix pratiqués se placent au niveau du revenu nominal, c'est-à-dire à un niveau supérieur à la somme des revenus réels. Les titulaires de ces derniers ne peuvent donc pas se procurer la totalité des produits auxquels, en principe, leur donnerait droit leur activité productive. Le pouvoir d'achat[1] des salaires réels est diminué du montant de l'émission de monnaie vide, autrement dit du montant de l'inflation produite dans le secteur dual. Nous l'avons dit au-dessus, au regard du principe général de la production-consommation, les salariés du secteur dual produisent une plus-value, ils travaillent donc gratuitement pour le capital. Cette affirmation peut sembler discutable puisque l'on peut voir qu'ils obtiennent des biens lorsqu'ils dépensent leurs salaires. Dit autrement : ils échangeraient de la monnaie contre des marchandises. En vérité, une telle assertion s'inscrit dans une conception erronée de la monnaie qui serait une marchandise entrant dans des échanges relatifs avec les autres marchandises. Nous l'avons déjà dit, étant bancaire, la monnaie n'est pas un bien, ni *a fortiori* une

---

[1] En fait, est concerné l'ensemble des ménages, y compris les titulaires de dividendes, intérêts, rentes, etc. Ils sont eux aussi assujettis au capital.

marchandise, elle ne peut donc en aucun cas être considérée comme un des termes des échanges. La monnaie qui est vide pour ceux qui la perçoivent en salaires, l'est aussi sur les marchés.

Les marchés des produits sont des lieux où, par l'intermédiaire des entreprises et des banques, l'on échange des marchandises contre des marchandises. Aussi, lorsqu'il achète des biens et des services, chaque titulaire de revenu met en principe la teneur de son revenu monétaire à la disposition du vendeur. La loi générale de l'échange absolu veut, qu'en fin de compte, chaque producteur achète son propre produit par l'intermédiaire des autres dans une forme physique différente de celle qu'il a fabriquée. Dans une économie saine, la règle est qu'il n'y a pas d'achat sans vente ni de vente sans achat.

Les travailleurs employés dans la production duale se singularisent des autres, car ayant déjà cédé leurs produits aux entreprises, ils ne peuvent pas « les apporter » sur les marchés. Les unités de monnaie dont ils disposent ne sont porteuses d'aucun produit. Cependant, lorsqu'ils payent ou plus exactement lorsqu'ils versent des unités de monnaie, ils inscrivent la demande excédentaire des entreprises dans les marchés des biens de consommation.

Lorsqu'ils sont payés avec la monnaie vide, les vendeurs cèdent des marchandises, mais ils ne reçoivent pas en retour le pouvoir de se procurer leur équivalent, puisque ce sont les entreprises qui les détiennent de manière définitive. L'inflation est bien là, non pas, répétons-le, parce qu'il a été émis trop de monnaie, mais parce que la monnaie émise a été vidée de son contenu. À travers les marchés des biens de consommation, les salariés du secteur dual partagent avec les autres salariés la vacuité de la monnaie émise dans la production duale. La conséquence est évidemment que ce qu'obtiennent les salariés du secteur dual est autant que ne peuvent se procurer les travailleurs[1] employés dans les autres secteurs. Bien que ces derniers dépensent la totalité de leurs revenus, ils n'obtiennent pas l'équivalent de leurs produits, puisque les prix unitaires sont augmentés du montant des salaires émis en monnaie vide. Sur les marchés des produits, les salaires réels sont pour partie vidés de leur contenu, leurs titulaires voient leur pouvoir d'achat diminué du montant exact de la plus-value produite dans le secteur dual. Il s'avère qu'ils ont eux aussi travaillé gratuitement pour le capital. Il s'agit bien là d'un « partage » de la production de la plus-value et non d'une addition à ce qui est produit dans le secteur dual. En vérité, du fait de la division générale du travail, c'est l'ensemble des salariés qui est mis à contribution pour nourrir le capital. Le montant de la suraccumulation est une mesure objective de l'asservissement de l'ensemble des travailleurs au capital.

L'existence d'un secteur de « production duale » ne rompt pas le principe général de la production-consommation, mais nous pourrions dire qu'il le déporte. Il ne remet pas non plus en question la règle générale de l'émission de monnaie en tant que forme numérique de produits physiques. Même la « monnaie vide » que perçoivent les employés du secteur de la production duale est émise comme forme numérique de nouveaux produits. Précisément parce qu'elles sont prises dans l'ensemble, ces marchandises suraccumulées participent à l'amplification d'un autre phénomène inhérent au capitalisme : la baisse tendancielle du taux de profit.

---

[1] Notons que de manière indirecte, les titulaires de revenus non salariaux sont aussi concernés par le phénomène.

DE LA BAISSE TENDANCIELLE DU TAUX DE PROFIT

Une des « lois naturelles du capitalisme », mise en avant principalement par Marx, est celle de la baisse tendancielle du taux de profit. Marx écrit : « [...] il est de la nature du mode de production capitaliste que, au cours de son évolution, le taux moyen général de la plus-value se traduise nécessairement par une baisse du taux de profit général. » [Marx, 1864-1875, 1968, p. 1002]. Le principe de la loi peut être énoncé de manière relativement brève. Le taux de profit est le montant du profit réalisé dans une période donnée rapporté à la *masse totale* du capital fixe mobilisé dans la même période. Alors que le profit est relatif à la production courante, le capital mobilisé est la totalité du capital accumulé et suraccumulé de période en période depuis qu'existe l'entreprise. Il s'agit d'une loi proprement macroéconomique, en ce sens qu'elle s'applique à toutes les entreprises, et ce, quels que soient leurs comportements en matière d'investissement et d'emploi. Bien entendu, toutes les entreprises ne connaissent pas la même baisse en même temps et dans les mêmes proportions à un moment donné. Néanmoins, «... [L]a tendance croissante du taux de profit général à la baisse est simplement *une façon, propre au mode de production capitaliste*, de traduire le progrès de la productivité sociale du travail. » [Marx, 1864-1875, 1968, p. 1002]. L'immanence de cette loi tient à ce que si l'accumulation ne connaît pas de limite, en revanche le montant du profit connaît une limite absolue : « Il faut avoir conscience, écrit Schmitt, du fait que les revenus de transfert (dont les dividendes sont une partie) ne peuvent pas s'étendre à plus de la moitié des revenus gagnés dans la production des biens-salaire[1]... La part des salariés ne peut ainsi être

[1] Au sens strict, les biens-salaires sont des biens de consommation.

comprimée davantage quand elle ne représente plus que la moitié des biens-salaires produits. » [Schmitt, 1984, p. 553]. Les revenus non salariaux (profits non redistribués, intérêts, dividendes, etc.) retirés de la production des biens de consommation rencontrent ainsi une « butée », ils ne peuvent croître indéfiniment, l'accumulation et la suraccumulation se poursuivant, leur taux tend à devenir nul, voire négatif.

Certains auteurs[1] font pourtant remarquer que les progrès de la productivité engendrés par l'investissement (innovations, conditions et intensité du travail, etc.) peuvent évidemment repousser les échéances, mais cela ne contredit pas pour autant la loi. Tous les arguments portent en réalité sur les modalités de son application, mais pas sur son existence et son principe. En outre, les taux sont évidemment inégaux d'une entreprise à l'autre et d'un secteur productif à un autre. Néanmoins, du fait de la division générale du travail, la tendance concerne l'ensemble des entreprises. L'augmentation du volume des profits peut se poursuivre, cependant il arrive inévitablement un moment où le capital accumulé atteint un niveau tel que le taux de profit se rapproche de zéro et devient inférieur au taux d'intérêt de la monnaie. Le rendement du capital accumulé et suraccumulé tendant à baisser, les intérêts que perçoivent les ménages « investisseurs » deviennent à leurs yeux insuffisants au regard du montant de l'épargne qu'ils ont dépensée. L'insuffisance n'est pas relative aux sentiments que peuvent avoir les capitalistes et les entreprises d'être bien rémunérés ou non, elle est directement liée à la relation dans le temps continu entre le montant du revenu épargné qui est dépensé en investissement et celui obtenu grâce à la production qu'a occasionnée cet investissement.

---

[1] Marx lui-même a répertorié un certain nombre « d'influences contraires » à la loi.

Pour saisir cela, il faut garder à l'esprit que la valeur d'un capital - productif ou financier - est définie comme étant un ensemble de revenus futurs escomptés. C'est que les prêteurs espèrent percevoir un intérêt d'un montant au moins équivalent à ce qu'ils ont prêté et qui a été définitivement dépensé. Au plan macroéconomique, l'intérêt n'est pas additif au capital, puisqu' il est la valeur même du capital. Par exemple, un prêt obligataire suppose le remboursement du nominal à une date déterminée. Au terme du prêt, le détenteur de l'obligation qui a touché des intérêts retrouve le montant nominal de ce qu'il a prêté. Indéniablement, il réalise un gain. Toutefois, ce serait un sophisme de composition que de conclure que macroéconomiquement les intérêts s'ajoutent au capital. Au plan microéconomique, pour l'obligataire, cela est vrai. Au plan macroéconomique, ça ne l'est pas.

Le principal, qui est remboursé par l'entreprise qui a bénéficié du prêt, est puisé dans un profit nouveau, qui n'est en aucun cas la restitution de l'épargne initialement prêtée, c'est le rachat de la créance par l'entreprise. Le principal n'est restitué à personne, il est intégré au capital fixe. Nous avons là la confirmation de ce que les prêts des ménages pour investissement sont bien des profits avancés.

D'une manière générale, et quelle que soit la nature du prêt, lorsqu'il arrive à son terme, le remboursement du principal ressortit à l'amortissement financier. Il ne doit donc pas être confondu avec l'intérêt qui est net, comme l'est le profit duquel il est tiré, pour l'ensemble de la collectivité. L'amortissement du principal suppose sa consolidation dans la vente du titre de créance auprès d'un nouveau créancier. Bien entendu, le vendeur peut réaliser une plus-value financière, mais ça n'est pas un intérêt, il n'y a pas d'opération de prêt entre les deux échangistes, en fin de compte, le capital reste enfermé dans la sphère où il a été formé, il est fixe. Lorsque nous disons que le taux de profit tend à baisser, nous parlons de la même chose que si nous disions que le montant de l'intérêt tiré de la production baisse, et donc que le capital investi est dévalorisé. C'est pour cette raison que les entreprises vont se tourner vers d'autres sources de revenus.

Lorsque le taux de profit est proche de zéro, voire négatif, le revenu prêté n'est pas compensé et « l'incitation à investir[1] » est de plus en plus faible. Réorienter la production peut alors sembler souhaitable afin de compenser la baisse du taux en élargissant l'assiette dans laquelle est formé le profit en augmentant le volume des biens de consommation offerts. C'est donc faire en sorte qu'une proportion croissante des forces productives soit occupée à produire des biens de consommation en lieu et place d'équipements à faible taux de rendement.

Le fait est que les entreprises disposent d'une certaine marge de liberté qui peut leur permettre d'élargir « l'assiette » du profit en augmentant le volume des biens de consommation offerts, tout en maintenant le niveau de l'activité, et, donc, l'emploi dans un premier temps. Elles peuvent choisir de produire des biens de consommation à la place de biens d'équipement dans le secteur de la production duale. Néanmoins, ces biens restent de la nature de biens d'amortissement destinés à compenser le coût d'usage.

La finalité de la production duale n'est pas, en effet, de produire absolument des équipements, mais de la valeur pour compenser le coût d'usage du capital. Peu importe donc la forme physique des produits, rien n'empêche les entreprises de réorienter la dépense du profit induit net[2], qui

[1] À ce propos, on peut noter que Keynes désigne le taux de profit par efficacité marginale du capital. On peut sans doute saisir des nuances entre les deux notions, cependant pour ce qui nous intéresse ici, nous les considérons comme synonymes.
[2] Gardons à l'esprit que ce profit reste inflationniste.

finance la production duale, en organisant la production de biens destinés à la consommation plutôt que vers celle de la maintenance des équipements. Cette réorientation du processus productif qui n'a pas pour effet immédiat de réduire le niveau de la production se traduit par ce que l'on a pu observer dans les années d'après la Seconde Guerre mondiale : le développement spectaculaire de la « société de consommation ».

LA SOCIÉTÉ DE CONSOMMATION

La « société de consommation » apparaît comme un dépassement de la société d'accumulation industrielle. Elle n'est décidée par personne en tant que telle, elle s'impose comme réponse rationnelle possible à la suraccumulation des équipements. En cette occurrence, qui correspond à une certaine maturité dans le développement des forces productives, l'objectif premier n'est plus l'accumulation comme dans les premiers siècles du capitalisme. Les économies développées occidentales étant supposées bénéficier d'une infrastructure industrielle particulièrement solide, il peut sembler tout à fait pertinent d'échapper aux effets délétères de la suraccumulation d'équipements.

C'est un virage que le capitalisme d'État, tel l'URSS, n'a pas pu ou su prendre en raison de la rigidité de son système idéologico-politico-économique, et le capitalisme d'État à la soviétique s'est effondré. À l'opposé, la Chine s'est dégagée du modèle soviétique et a choisi d'évoluer dans le sens des économies occidentales en introduisant plus de flexibilité dans son système en orientant son activité vers la consommation. Cependant, la loi de la baisse tendancielle du taux de profit continue de jouer, et particulièrement dans les économies de type occidental.

Dans les années 1970, la réorientation de la production duale a eu pour conséquence la stagflation et les premiers pas de la désindustrialisation des pays occidentaux. Au cours des années 1980, 1990 et début 2000, on a pu voir se dégrader les équipements lourds que l'on a laissé « rouiller »[1], alors qu'en même temps, on délocalisait. Toutefois, en raison même de la nature de la production duale, l'objectif poursuivi ne put être atteint, car ses produits ne peuvent être écoulés « normalement ». Il convient de répéter que la dépense d'un profit dans le paiement de salaires vaut achat du produit par les entreprises. Qu'il s'agisse d'équipements ou de biens de consommation, la loi est strictement la même. Lorsque la production duale consiste en la fabrication de biens de consommation, les entreprises achètent des biens de consommation qu'elles peuvent « écouler » principalement de deux manières, soit en les distribuant à certaines catégories de ménages, soit en les présentant sur les marchés des biens de consommation.

On observe qu'une partie de ces biens de consommation, que l'on peut qualifier « de luxe », sont distribués, d'une manière ou d'une autre, pour satisfaire la consommation finale de certaines personnes, généralement membres ou proches des directions des entreprises[2]. C'est en quelque sorte une redistribution du profit en nature. En faisant cela, les entreprises dérogent à la règle morale en vigueur dans le capitalisme classique, selon laquelle la priorité de l'activité est en principe l'accumulation et la valorisation du capital et non pas le bien-être des dirigeants. Outre que ces pratiques amplifient les inégalités sociales, cette distribution n'améliore en rien le taux de rendement interne

[1] C'est le titre d'une série télévisée « Américan rust » dont l'action se déroule dans la grande région industrielle au sud-est des grands lacs aux USA, notamment en Pennsylvanie.
[2] Voir notamment Galbraith [1968].

des entreprises et est de toute manière insuffisante pour « éponger » les effets de la suraccumulation.

Pour l'autre partie, de loin la plus importante, il s'avère que ces biens, qui ne sont pas des moyens de production, sont intégrés au capital fixe en étant tout à fait improductifs. La production duale est financée par la dépense d'un profit induit par l'amortissement. Or, cette dépense sur le marché du travail vaut achat des produits correspondants par les entreprises. Ils sont donc *a priori*, ou plus exactement par nature, intégrés au capital fixe. Mais ces marchandises dont la forme les destine à la consommation devraient être revendues aux ménages pour compenser le coût d'usage.

Gardons à l'esprit que le profit induit, qui est utilisé dans le paiement des salaires dans le secteur dual, résulte de la dépense des salaires réels des travailleurs occupés dans le secteur de la consommation, or, ayant déjà été réellement dépensés, ces salaires ne peuvent l'être une seconde fois. Les unités de monnaie qui les composent sont vides. En conséquence, le revenu réel disponible dans l'économie est insuffisant pour acheter les produits duals à leur coût de production. Un même revenu ne peut être dépensé deux fois. L'offre de biens de consommation est supérieure à la demande de ces mêmes biens par les ménages. L'offre étant supérieure à la demande, on peut donc observer un déficit de l'écoulement. Celui-ci n'est pas dû à un excès d'épargne comme l'affirment certains postkeynésiens, mais à l'émission de monnaie vide.

La compréhension des émissions vides permet de saisir que la suraccumulation de produits invendables est due à une insuffisance des revenus réels face au volume de produits offerts. Elle se manifeste par un déséquilibre sur les marchés des produits où l'offre est supérieure à la demande, non pas en raison d'une surproduction ou de divers déséquilibres sur les marchés ni parce que les ménages épargneraient trop, mais parce que la dépense du profit induit en salaires (inflationniste) crée une situation telle qu'il existe une « insuffisance globale des revenus créés » [Schmitt, 1984, p. 554] pour que les ménages, travailleurs et titulaires de revenus non salariaux puissent acheter tous les biens qui leur sont offerts pour consommation.

À raison du coût d'usage, l'offre nominale peut être exprimée par la relation : **Rn = C + A + U**, en face, la demande réelle des ménages est de : **Rr** = **C + A**. En effet, **U** n'est pas une composante de la demande réelle des ménages, c'est une offre-demande de valeurs d'usage (biens-profit) de la part des entreprises, qui se manifeste par l'émission de monnaie vide. Cette monnaie vide est représentative de ce qui est produit, donc offert, et demandé par les entreprises, c'est pourquoi nous pouvons écrire que l'offre globale étant de **C + A + U** et la demande globale de **C + A + U**, il y a bien identité. Cependant, au sein même de cette identité, nous pouvons percevoir deux déséquilibres simultanés qui ne se compensent pas, un déséquilibre inflationniste (nous l'avons expliqué au-dessus) et un déséquilibre déflationniste sur les marchés des biens de consommation, et ce, du montant de la production duale.

Le prix des biens de consommation augmente de **U** du fait que les employés du secteur dual dépensent **U** - en monnaie vide - sur le marché des biens de consommation (c'est la plus-value inflationniste). Donc, la demande effective de biens de consommation est de **C + U**. Les entreprises qui ont déjà acheté **U** sur le marché du travail offrent ce même **U** sur le marché des biens de consommation. Or, aucun revenu disponible ne leur correspond[1]. Pour que les produits duals soient écoulés, il

[1] D'aucuns évoqueraient une possible baisse des prix pour écouler les stocks. Une telle baisse serait simplement le signe que des produits sont invendables à leur coût de production, **U** ne serait pas compensé et le capital dévalorisé.

faudrait que les titulaires de revenus disposent de **C** + **U** + **U**, or ça n'est tout simplement pas possible. Les mêmes unités de monnaie ne peuvent être dépensées deux fois. Les ménages ne peuvent donc acquérir les produits du secteur dual à leur coût de production. Les entreprises ont acheté **U** sur le marché du travail et **U** reste entre leurs mains. Le déficit de l'écoulement se traduit par un gonflement, ou si l'on préfère une suraccumulation de capital fixe du montant du coût d'usage. Fabriquer des biens de consommation plutôt que des équipements ne remet pas en question le principe général qui régit le capitalisme : l'accaparement du capital par des non-personnes s'accompagne d'une suraccumulation, facteur de déséquilibres et de crises.

Le gonflement des stocks improductifs diminue encore la rentabilité du capital. La baisse du taux de profit se poursuivant, on pourrait penser *a priori* qu'il serait bon de réduire la production duale afin d'ajuster l'offre à la demande. Or, cette production est une duplication de l'amortissement, elle n'est pas « motrice », aussi faudrait-il réduire la production de biens d'amortissement, donc laisser dépérir une fraction du capital fixe et ne plus compenser son coût d'usage. En fait, la solution qui semble la plus raisonnable du point de vue des entreprises est de réduire la production d'équipements nouveaux, ou si l'on préfère l'investissement net. Ce choix qui s'impose aux managers se traduit inévitablement par le développement du chômage et le sous-emploi de la population active. Le chômage se déclare dans le secteur de l'investissement, et par voie de conséquence, dans celui de l'amortissement et donc dans celui de la production duale. Cette baisse de l'emploi n'est pas la réponse à un ajustement frictionnel sur le marché du travail, elle est de nature structurelle et accompagne l'inflation due aux émissions vides que nous avons décrites au-dessus.

La coexistence de l'inflation et du chômage est systémique[1], elle s'installe dès lors que l'on atteint un certain niveau d'accumulation, et elle concerne l'ensemble des entreprises[2] imbriquées dans la division générale du travail.

Comme l'inflation, le chômage systémique est involontaire. L'exclusion de travailleurs du champ de la production n'est à proprement parler le choix de personne, et si, bien entendu, il y a une décision directe des entrepreneurs de ralentir ou de supprimer une production, cela leur est imposé par le mode de fonctionnement du système capitaliste qui, lui-même, ne survivrait pas à un certain niveau faible de rendement du capital.

Du fait de sa baisse tendancielle, il arrive un moment où le taux de profit avoisine ou devient inférieur au taux d'intérêt monétaire et « l'incitation à investir » [Keynes] devient très faible. En cette occurrence, il est plus intéressant pour les entreprises de placer leurs capitaux monétaires sur le marché financier plutôt que de les dépenser sur le marché du travail : « Les capitaux monétaires qui sont la possession des entreprises peuvent être définitivement soustraits à la production nouvelle pour être dépensés d'une façon purement financière, dont le débouché sur le marché des produits est nul. » [Schmitt,

---

[1] On utilise généralement le vocable de stagflation pour désigner ce phénomène, toutefois on le réduit bien souvent à une situation de crise limitée dans le temps, alors qu'en vérité il est inscrit dans les gènes du capitalisme.

[2] À propos de la baisse tendancielle du taux de profit, Marx écrit : « On peut supposer que ce changement graduel dans la composition du capital n'a pas lieu seulement dans des secteurs isolés de la production, mais plus ou moins dans tous, et surtout dans les secteurs clés ; il implique donc des modifications dans la composition organique moyenne du capital total d'une société déterminée. » [Marx, *Le Capital*, 1864-1875, 1968, p. 1001]

1998, p. 128]. Ce sont là les fondements de la financiarisation : prêter plutôt que de produire.

TAUX D'INTÉRÊT DE LA MONNAIE ET FINANCIARISATION

Le taux de profit est déterminé dans les rapports de production et de consommation qui se manifestent sur les marchés des produits, le taux d'intérêt monétaire l'est par les relations qui s'établissent entre les divers opérateurs qui agissent sur le marché de la monnaie, les banques et les diverses institutions monétaires, notamment les banques centrales[1]. Les critères qui le déterminent ne sont pas directement liés à la production. Le taux d'intérêt monétaire est fixé à l'extérieur des conditions matérielles de la production sans en être absolument séparé du fait d'influences diverses sur les marchés. Il prend une importance d'autant plus grande que, du fait du niveau bas du taux de profit, la structure productive évolue, en tout cas dans les économies occidentales, vers l'emploi d'une proportion plus grande de forces productives dans la production de biens de consommation.

La « société de consommation » ouvre de nouvelles perspectives de rentabilisation financière du capital fixe. La généralisation du crédit à la consommation est déterminante.

À raison de l'offre de biens de consommation duals, on peut observer un déficit de l'écoulement des biens de consommation du fait que le revenu réel courant des ménages ne leur permet pas d'acheter toutes les marchandises qui leur sont offertes. Aussi, plutôt que de continuer de consacrer leurs capitaux monétaires à la

---

[1] Nous n'ignorons pas les discussions entre verticalistes et horizontalistes.

production de marchandises dont la vente est plus qu'incertaine, les entreprises choisissent-elles de les placer sur le marché financier afin d'en retirer des intérêts. Les liquidités ainsi dépensées sont bien entendu utilisées dans des opérations proprement financières de nature spéculative ou stratégique visant à valoriser les actifs boursiers. Mais l'objectif final est toujours de percevoir des revenus dont l'origine est unique : l'émission de salaires, la production-consommation.

Les marchés en tant que tels ne produisent pas de revenus, or les intérêts sont indéniablement des revenus. Tout revenu étant originaire de la production et du fait qu'il existe un facteur de production unique, les travailleurs, les intérêts sont inévitablement constitués d'unités de salaires. La dépense des capitaux monétaires de l'ensemble des entreprises sur le marché financier vise en définitive à capter des salaires par une autre voie que celle des échanges sur les marchés des produits.

De fait, au plan macroéconomique, il existe « deux intérêts » qui répondent à deux processus de sens opposés.

La financiarisation est certes une « autre voie » de rentabilisation du capital, mais c'est aussi un renversement de la relation ménages - entreprises.

L'intérêt, en tant que catégorie du profit, est la rémunération du prêt des ménages aux entreprises pour produire : « L'intérêt du prêt à la production a sa *source* dans le profit. Par sa nature, il en est une fraction » [Schumpeter, 1999, p. 228]. Formé sur le marché des produits, il s'inscrit donc dans la relation marché du travail - marché des produits.

En revanche, l'intérêt qui découle de ce que les entreprises prêtent aux ménages[1], et qui est déterminé sur le marché monétaire, est formé dans une relation directe entre le marché du travail et le marché financier. Rien d'étonnant

[1] Par l'intermédiaire des banques, bien entendu.

dans ces conditions que les deux taux ne soient pas liés par des relations causales, ni même en corrélation, alors même que dans l'un et l'autre cas les intérêts sont constitués d'unités de salaires.

Les intérêts nets des marchés financiers sont captés directement par les banques sur les comptes des emprunteurs. Lorsqu'elles effectuent des prêts, les banques ne distinguent pas l'origine des dépôts, or ils sont de deux sortes, puisque les uns sont le fait des ménages et les autres celui des entreprises. Selon l'identité de l'emprunteur, le prêt n'a pas le même effet.

Les banques procèdent à des prêts que l'on peut qualifier « d'ordinaires » lorsqu'ils sont effectués de ménages à ménages ou d'entreprises à entreprises. En revanche, nous pouvons les qualifier de macroéconomiques, c'est-à-dire nets lorsqu'ils s'articulent entre *l'ensemble* des entreprises et *l'ensemble* des ménages.

Les prêts sont « ordinaires » lorsque les sommes prêtées à un agent économique sont originaires de l'épargne d'un autre agent de même catégorie, ou si l'on préfère, appartenant au même ensemble fonctionnel. En cette occurrence, l'opération consiste en un échange dans le temps entre l'épargne présente de l'un et l'épargne future de l'autre. Lorsqu'il dépense les sommes qui lui sont prêtées, l'emprunteur détruit le revenu monétaire épargné par le prêteur et les biens correspondants sont définitivement sortis du circuit. Dans le futur, l'emprunteur devra produire et épargner une partie de son nouveau revenu pour rembourser son créancier, et ce, avec un intérêt en sus. Le prêteur pourra alors se procurer le produit courant de l'emprunteur. L'opération de crédit se traduit donc par la destruction définitive de richesses dans la période de l'emprunt et aussi dans celle du remboursement[1]. L'intérêt

[1] Quand bien même l'emprunteur fait défaut, il y a eu destruction de richesse.

n'a pour effet que d'augmenter le montant du remboursement de sorte qu'il soit supérieur à celui de l'emprunt, mais il reste confiné dans le cadre des relations interindividuelles. Ce type de crédits, que nous qualifions « d'ordinaires »[1], est neutre au plan macroéconomique dans le sens où il n' aucun effet sur le montant du revenu disponible global. Lorsque le crédit est inscrit dans une relation entre les entreprises et les ménages, il n'en est pas de même ; les intérêts sont macroéconomiquement nets.

Lorsque les ménages prêtent aux entreprises, ils perçoivent en principe des intérêts qui sont financés par les profits formés sur les marchés des produits. En cette occurrence, les intérêts sont limités au montant du profit, dont le montant est lui-même limité nominalement à celui des salaires émis. L'intérêt versé aux ménages ressortit au profit redistribué et de ce fait ne contribue pas directement à la formation de capital fixe physique ou financier. Partant, il ne contribue pas à l'expansion du capitalisme.

En revanche, lorsque, par l'intermédiaire des banques, les entreprises prêtent aux ménages, l'intérêt qu'elles en retirent n'est pas formé par transfert de revenu sur les marchés des produits[2], mais par prélèvement dans les comptes de dépôts. La spécificité de la financiarisation, c'est-à-dire du prêt des capitaux monétaires des entreprises aux ménages, est précisément que les intérêts formés sur ces prêts ne reviennent jamais entre les mains d'autres ménages, mais restent enfermés dans l'espace des entreprises et des banques, dans lequel est généré un capital fixe financier.

---

[1] Alors que sa légitimité est encore discutée aujourd'hui.

[2] Sur les marchés des produits, il y a bien formation d'intérêts au sein des profits. Ces intérêts répondent à la dette des entreprises vis-à-vis des ménages. Là aussi, ce sont les salariés qui les paient, mais les choses fonctionnent dans l'autre sens que celui de la financiarisation. L'intérêt dont nous parlons ici est celui de « l'autre voie », donc de l'autre sens, celle qui est supposée échapper à la loi de la baisse du taux de profit.

Empruntant pour consommer, l'ensemble des ménages paye des intérêts à l'aide des salaires courants sans qu'il lui soit cédé en retour quelque marchandise que ce soit de la part de l'ensemble des entreprises. On en infère que les unités de monnaie versées en intérêt sont vides, les entreprises ayant déjà accaparé les produits correspondants, ce qui confirme le caractère inflationniste des profits dépensés dans des prêts aux ménages.

Lorsqu'il rembourse le principal de son emprunt, le ménage paye sa consommation passée grâce à son salaire présent. L'opération répond au principe de l'amortissement, destruction-reconstitution du capital. Pour lui, c'est un rachat final du titre de créance que la banque a émis au regard d'un achat sur le marché des produits et, pour la banque, la reconstitution du fonds prêté.

Pour ce qui est de l'intérêt, les choses sont différentes, puisque son paiement n'a pour objet ni un achat ni une vente sur le marché des produits, mais l'emprunt du profit placé sur le marché financier par les entreprises. L'engagement de payer l'intérêt est pris vis-à-vis des banques sur le marché de la monnaie. Son paiement se fait donc logiquement sur ce même marché, sans que soit sollicité le marché des produits. L'intérêt monétaire ressortit donc à une relation directe entre le marché financier (marché de la monnaie) et le marché du travail. Contrairement à la formation du profit, on ne peut relever de limite au montant de l'intérêt monétaire autre que la solvabilité des emprunteurs. C'est là une spécificité du capitalisme financiarisé : les intérêts étant directement prélevés dans les comptes bancaires, les travailleurs paient directement l'intérêt avec leur travail exprimé en unités de salaire. Une conclusion s'impose : la financiarisation ne permet en aucun cas d'annihiler les effets néfastes de la suraccumulation, aussi bien en termes d'inflation que de chômage.

À regarder les choses en perspective, nous pouvons observer une accumulation de capital financier grâce au mécanisme de l'intérêt composé et, en face, un processus d'endettement croissant de la part des ménages. Même dans le cadre de la financiarisation, le principe général selon lequel tout capital fixe est formé sur le marché du travail est vérifié. Les sommes prêtées par les entreprises au titre de leurs placements financiers sont automatiquement engagées dans un processus d'intérêts composés. Puisque capitalisés, les intérêts sont eux-mêmes générateurs de nouveaux intérêts, qui, à leur tour, sont accumulés[1]. La dynamique de la financiarisation tient fondamentalement à ce mécanisme de l'intérêt composé qui vient se greffer sur le prêt de profits. Nous le savons, l'accumulation du capital fixe ressortit à la non redistribution de profits.

Dans le cadre de la financiarisation, les capitaux monétaires n'étant pas versés en salaires, ils sont directement « investis » sur le marché financier, sans passer par le processus productif.

Les capitaux monétaires ont pour origine la production et, même s'il existe des mécanismes qui provoquent l'émission de monnaie sur les marchés financiers, ces unités de monnaie ne sont pas des revenus, elles participent de la valorisation boursière de titres qui ont peu de choses à voir avec la réalité de la production. Et si cette monnaie venait, pour diverses raisons, pénétrer « l'économie réelle », elle aurait un effet purement inflationniste de durée limitée.

Tous les revenus réels sont originaires de la production, ils sont toujours la rémunération du travail. L'intérêt monétaire est puisé dans les salaires réels, mais il a un caractère singulier du fait qu'il est payé sans être l'objet de

---

[1] Dans « Perspectives économiques pour nos petits enfants », Keynes [1930, 1971] nous présente, non sans une certaine ironie critique d'un point de vue moral, une approche du phénomène de l'enrichissement sans fin résultant de l'intérêt composé.

quelque achat sur le marché des produits. Pour les ménages, c'est une dépense sans achat ; pour les entreprises, c'est une recette sans vente. Il est clair que dans ces conditions, les prêts aux ménages ne contribuent en rien à solutionner le problème de la suraccumulation, alors qu'ils ont pour effet de renforcer la dépendance des salariés vis-à-vis du capital. Lorsque les entreprises choisissent de dépenser leurs capitaux monétaires sur le marché financier, la production des biens capitaux diminue et le travail correspondant reste inemployé. Le « chômage financier » est l'un des aspects du rapport salarial dans nos économies capitalistes. Assujettis au capital, les salariés le sont pour autant qu'ils sont dépendants des relations qui s'établissent sur le marché du travail, sur le marché des produits, mais aussi, et directement, sur le marché financier.

Certes, le marché financier fournit des revenus additionnels aux entreprises, toutefois, la genèse du capitalisme est dans la production industrielle, aussi l'ensemble des entreprises est-il contraint par le principe fondamental de son existence même : la formation de capital fixe physique.

Le capitalisme mature, celui dans lequel nous vivons, est pris dans une contradiction dont les deux termes aboutissent à un même résultat. Les entreprises s'attachent à rentabiliser la production industrielle en déportant leur activité sur la production de biens de consommation, mais confrontées à un déficit de l'écoulement elles sont amenées à réduire l'emploi. En même temps, afin de réduire les effets de la suraccumulation, elles placent des capitaux monétaires sur le marché financier plutôt que de les investir, c'est-à-dire qu'elles réduisent l'emploi dans le secteur de la production de biens capitaux. Le capital financier étant alimenté par des unités de salaires, à trop limiter le volume des salaires du fait du non investissement, on risque de ne plus pouvoir rentabiliser le capital financier lui-même faute de solvabilité des ménages. Le capitalisme qui fonctionne sous la double contrainte de la baisse tendancielle du taux de profit et de l'expansion financière au détriment de la production industrielle crée les conditions d'une relative instabilité et va de crise en crise. De la suraccumulation en équipements de la crise de 1929, nous sommes passés à la crise de la suraccumulation en biens de consommation avec endettement des ménages en 2008. Celle de 2008 nous semble tout à fait représentative de la maturité ; celle de 1929 de la fin d'adolescence.

CONCLUSION

L'analyse en termes de revenu, qui s'appuie inévitablement sur le concept d'échange absolu, appelle une perception nouvelle du fonctionnement de l'économie. Il est bon de garder en perspective que, contrairement aux apparences, au plus profond, les relations économiques ne sont pas, comme le voudrait la « fétichisation de la marchandise », des rapports entre objets intermédiés par les individus, mais en réalité des relations quantifiées entre les hommes et qui sont concrétisées par la monnaie. C'est de manière tout à fait fondée que nous pouvons affirmer que les échanges marchands ne sont pas et n'ont jamais été des trocs. Certes, les échanges marchands consistent en des changements de forme des avoirs des échangistes, mais ils ne consistent pas en transferts réciproques directs de marchandises. Chaque producteur qui réalise un paiement, quel que soit son statut, change la forme physique de son propre produit pour l'éclipser dans une autre, abstraite. C'est grâce à cette forme abstraite qu'il peut se procurer n'importe quel autre produit émis par d'autres producteurs. Les échanges ne se font pas en vis-à-vis, ils sont intermédiés par des émetteurs de monnaie. Sur les marchés, les échanges ne se font pas entre commerçants, comme le prétendait Smith et à sa suite tout le courant d'obédience néoclassique, mais entre producteurs. Les échanges sont absolus, ce sont des changes où chacun convertit sur lui-même la forme de ce qu'il détient. C'est là d'ailleurs la teneur même du concept de revenu, c'est-à-dire le sens d'un phénomène dont l'existence sociale est médiatisée par sa propre négation, car lors même de son paiement aux producteurs, il est transmuté en capital puisque déposé en banque. Et lorsqu'il est dépensé sur quelque marché que ce soit, il est immédiatement détruit et non pas transféré. Le mouvement qu'il représente est inscrit instantanément dans le temps par la négation même du temps continu pendant lequel il a été produit. C'est en raison de cette négation qu'il subsiste dans la forme de capital – capital-temps – comme manifestation première des économies monétaires de production[1].

Il est clair que le revenu ne peut être défini par l'équivalence de valeurs qui se feraient face. Il est la grandeur qui donne d'emblée la mesure de l'identité de l'offre et de la demande, autrement dit le pouvoir d'achat de la monnaie. Ainsi, l'unité de mesure économique n'est pas la monnaie, mais comme l'a affirmé Keynes : l'unité de salaire. C'est que les humains travaillent pour consommer, aussi tout revenu se forme-t-il nécessairement d'abord sur une personne physique, ainsi que l'a montré Fisher. Nous pouvons dire aussi qu'il est obligatoirement créé, donc émis par une personne physique, un travailleur qui l'émet sur lui-même.

Puisqu'il se nie dans son propre mouvement, un revenu ne peut être transmis dans les paiements. En payant, chacun détruit sur lui-même son pouvoir d'achat, et en même temps la forme (la monnaie) qui porte ce pouvoir d'achat. Une conséquence parmi d'autres de cette définition est que les revenus ne peuvent se multiplier du fait de leur soi-disant passage d'un secteur d'activité à un autre. En tant qu'il existe, il est mesure, précisément mesure de l'identité de l'offre et de la demande, puisque chacun échangeant avec lui-même, il ne peut offrir ni plus ni moins que ce qu'il détient, et il ne peut demander ni plus ni moins que ce qu'il détient.

De cela, il ressort que, bien qu'il soit construit à l'initiative des individus qui composent la société, le système économique est objectivement structuré par les conditions de la formation et de la destruction des revenus. Toutes les grandeurs économiques sont prises dans cette

[1] Arrivant à la mer, le fleuve se nie.

relation qui les contraint. Autrement dit, ce sont bien les agents économiques qui décident des volumes, de l'organisation et de la répartition des richesses, toutefois ils créent eux-mêmes les conditions par lesquelles un certain nombre de mécanismes répondent à des lois qui échappent à leur libre arbitre, et leurs actions individuelles ne peuvent en contrecarrer les tenants et aboutissants. En d'autres termes, l'activité économique globale n'est pas l'agrégation de comportements individuels ; elle est fondée sur des relations d'ensemble à ensemble d'agents fonctionnellement déterminés. Pour autant, les libertés individuelles ne sont pas niées, mais il est certain que les comportements des agents économiques s'inscrivent dans des mécanismes et des principes qui relèvent de lois intangibles de portée générale.

La consommation d'un individu qui dépense 1€ réduit le Revenu National Disponible du montant de sa dépense, 1€. L'unité de revenu est une grandeur macroéconomique. Ce sont bien les managers et les actionnaires qui choisissent le niveau d'activité des entreprises, donc le niveau de l'emploi, mais une fois les revenus formés, la demande effective est du montant exact de ces revenus, c'est-à-dire de l'offre. Du fait de cette identité macroéconomique, les responsables ou propriétaires d'entreprises perdent la maîtrise des choses, ils sont contraints de se plier aux lois générales de l'économie monétaire de production, dont le capitalisme est un aspect absolument dominant aujourd'hui.

Il s'impose aux entreprises que tout produit est nécessairement demandé, et donc si les marchandises qu'elles offrent ne sont achetées par aucun client, la loi du revenu est telle que ce sont elles-mêmes qui achètent finalement et rétroactivement leurs propres produits à l'aide des revenus qui ont été formés en leur sein. Mais, en cette occurrence, leur dette financière vis-à-vis des banques, qui ont émis la monnaie à leur demande, n'est pas éteinte. Dans l'obligation de respecter le principe de distanciation entre l'offreur et le demandeur, qui préside à tout paiement réel, elles sont amenées à emprunter les revenus qu'elles ont elles-mêmes distribués. C'est là une application stricte du principe fondamental de l'échange absolu auquel sont soumis tous les agents économiques, y compris les non-personnes, sur les marchés.

Lorsqu'elles dépensent les profits non redistribués, il est indéniable que les entreprises achètent des marchandises, mais considérées dans leur ensemble, on voit bien que, même si cela est saisissable rétroactivement, *in fine* cet achat est réalisé sur le marché du travail alors qu'il devrait l'être sur les marchés des produits. Dans les faits, le travail lui-même est traité comme une marchandise, donc non générateur de revenus nets alors qu'il donne naissance à un produit net. D'où la vacuité de la monnaie émise par les banques pour payer les salaires des travailleurs occupés à produire le capital fixe. Une telle émission est possible en raison de ce que la monnaie est bancaire. Dans une économie à monnaie matérielle, on ne pourrait observer un tel phénomène d'émissions vides. En effet, les matières elles-mêmes, or, argent, etc. qui sont des produits, font office de contenu de la monnaie ; ce qui est susceptible d'occasionner d'autres types de dysfonctionnements en raison de la non correspondance entre la monnaie et les produits sur les marchés. Il est indéniable que le caractère bancaire de la monnaie a largement contribué au développement dynamique de l'économie, cependant c'est au prix des inconvénients du capitalisme.

Dans nos économies monétaires de production, quels que soient les comportements des individus sur les marchés, les revenus formés dans un secteur sont nécessairement dépensés dans l'achat des produits de ce secteur. C'est la loi du circuit monétaire qui s'impose ; tout revenu est nécessairement dépensé là où il a été formé, et, ce, quelle que soit la complexité des processus. En tant que grandeur, il subsiste sous forme financière et physique entre les deux instants de sa création et de sa destruction, puisque capitalisé dans les dépôts bancaires. Le travail cristallisé en salaires, donc déposé dans les banques, est, dans l'instant de son dépôt, présent simultanément sur les trois grands marchés qui structurent l'économie capitaliste : le marché du travail, le marché des produits et le marché financier. Il est donc tout à fait inconséquent de vouloir opposer le réel et le monétaire et de prétendre traiter des phénomènes économiques en dissociant le réel du financier.

Du fait que la monnaie n'est pas une marchandise, mais un actif-passif bancaire, le marché financier est tout aussi réel que les autres marchés. D'ailleurs, s'il n'existait pas, il n'y aurait tout simplement pas de système capitaliste. Le capitalisme naît d'un déport du circuit du revenu. Il est en effet généré par la dépense d'anciens revenus dans la rémunération de travailleurs occupés à former de nouveaux produits. La finalité de toute production reste la consommation, mais c'est au prix de l'assujétissement des travailleurs, au premier chef ceux qui sont occupés à produire et reproduire le capital fixe.

Toujours renouvelé par l'amortissement, l'accaparement des biens d'investissement fixe le capital au sein des entreprises et il n'en ressort jamais. Dans nos économies, l'amortissement ne se limite pas à l'augmentation des valeurs d'usage obtenue grâce à l'utilisation de capital d'un côté et au simple remplacement ou entretien de ce qui est usé de l'autre, comme le stipule la tradition classique, mais il est aussi la pérennisation de l'appropriation du capital par les entreprises grâce à une production « duale », dont la finalité est la compensation du coût d'usage. Or, cette compensation à finalité financière se traduit par une suraccumulation fautive d'inflation, de chômage et de crises. En capitalisme, une fraction du produit courant étant accaparée par des non-personnes, les entreprises, des masses croissantes de produits courants ne peuvent être acquises de manière courante par les ménages. En dépit du développement du crédit à la consommation, la suraccumulation en biens de consommation n'est pas résorbée en dehors de crises de l'écoulement, de faillites d'entreprises et de la fragilisation des consommateurs.

Le principe qui préside à la genèse du capitalisme peut être exprimé brièvement : payant des salaires avec d'anciens revenus, les entreprises exercent le pouvoir d'achat de ceux-ci dans l'achat des produits des travailleurs qu'elles rémunèrent. Il en résulte que les salariés reçoivent une monnaie vide, puisque son pouvoir d'achat étant épuisé lors même du paiement des salaires, elle est dépourvue de teneur.

Disposant d'une monnaie vide de produit, les salariés (et l'ensemble des ménages) ne peuvent convertir sur eux-mêmes une forme vide en objets. Ils ne peuvent le faire qu'au détriment d'autres titulaires de revenus. Le capitalisme s'installe et se développe en raison d'une telle dysfonction, ou pour reprendre le vocable utilisé par Schmitt, d'une « pathologie » fondamentale dans le processus de formation du capital. D'un point de vue strictement économique, pour sortir du capitalisme, il ne s'agit pas de faire disparaître la personnification individuelle du capital. Certes, le capital est la propriété juridique des capitalistes, mais éliminer les uns pour les remplacer par d'autres ou même par l'État, comme cela est encore souvent préconisé, n'est certainement pas *la* bonne solution radicale ; ni économique ni sociale. L'assujétissement des salariés au capital ne relève pas du politique ou du juridique, mais d'abord de la nécessité de produire dans un cadre où règne l'appropriation économique du capital par des non-personnes. Sortir du capitalisme suppose au premier chef d'empêcher l'accaparement du capital fixe par les entreprises, ce qui, comme le montre Bernard Schmitt, passe par une réforme du système bancaire[1].

L'étatisation ou la fiscalisation des revenus dits du capital ne sont évidemment pas des solutions économiques, mais au mieux des réponses socio-politiques à certains problèmes liés au capitalisme. Cependant, elles ne le remettent pas en question sur le fond. Elles entérinent en quelque sorte son mode de fonctionnement en s'y inscrivant, donc en respectant ses structures fondamentales. Jusqu'à preuve du contraire, elles ne permettent pas d'éradiquer ni le chômage ni l'inflation systémiques. En ne s'attaquant pas au cœur du problème, ces diverses politiques accompagnent la suraccumulation en en atténuant éventuellement, et le plus souvent provisoirement, quelques effets néfastes. En fait, il ne faudrait plus confondre l'entreprise (non-personne) avec la personnification du capital (le capitaliste). La question de la propriété ne se pose pas principalement en termes juridiques, voire philosophiques. La « pathologie » capitaliste n'est pas un phénomène comportemental, ni individuel, ni même politique.

Richesse et pauvreté, inégalités, exploitation, etc. ont grandement existé bien avant que naisse le capitalisme qui, pour partie, a repris ces choses à son compte, mais qui pour d'autres les a, si ce n'est fait disparaître totalement, au moins considérablement réduites, comme l'esclavage par exemple. Au cours des 50 dernières années, le problème de la faim dans le monde notamment a considérablement diminué.

Si l'on ne sait pas vraiment ce qu'est le capitalisme, comment prétendre s'opposer à son renouvellement quotidien ?

---

[1] *Cf.* Schmitt [1984] ; Cencini [2017].

REPÈRES BIBLIOGRAPHIQUES

Arendt Hannah (1961), *The Human Condition*, trad. française : *Condition de l'homme moderne,* Paris, Calmann-Levy, 1983, 486 p.

Arrow Kenneth J., *Social Choice and Individual Values*, New York, Wiley, and Sons, 1951, 99 p.

Aglietta Michel et Berrebi Laurent, *Désordres dans le capitalisme mondial*, Paris, Odile Jacob, 2007, 446 p.

Bailly Jean-Luc, "Consumption, investment and the investment multiplier" in Claude Gnos and Louis Philippe Rochon (eds.), *The Keynesian Multiplier*, London and New York, Routledge, 2008, p. 127-150.

Bailly Jean-Luc, "Saving, Firms' Self-Financing, and Fixed-Capital Formation" in Jean-François, Ponsot and Sergio Rossi (eds.), *The Political Economy of Monetary Circuits. Tradition and Change in Post-Keynesian Economics*, Basingstoke, Palgrave-Macmillan, 2009, p. 77-97.

Bailly Jean-Luc, "On the Macroeconomic Foundations of the wage-price Relationship" in Louis Philippe Rochon and Sergio Rossi (eds.), *Modern Theories of Money. The nature and Role of Money in Capitalist Economies*, Cheltenham and Northampton, Edward Elgar, 2003, p. 360-383.

Bailly Jean-Luc, "Du surinvestissement au surendettement des ménages", *European Journal of Economic and Social Systems*, Vol. 23, No 1/2010, p. 63-80.

Bradley, Xavier, "Inflation and unemployment" in J.L. Bailly, A. Cencini and S. Rossi (eds.), *Quantum Macroeconomics. The legacy of Bernard Schmitt,* London, New York, Routledge, 2017, p. 50-63.

Cencini Alvaro, *Money, Income and Time: A Quantum-Theoretical Approach*, London, Pinter Publishers, 1988, 240 p.
Cencini Alvaro, *Macroeconomic Foundations of Macroeconomics*, New York, Routledge, 2005, 376 p.
Cencini Alvaro, "Toward a macroeconomic approach to macroeconomics" in C. Gnos and S. Rossi (eds.), *Modern Monetary Macroeconomics. A New Paradigm for Economic Policy*, Cheltenham and Northampton, Edward Elgar, 2012, p. 39-68.
Cencini Alvaro, "National banking reform" in J.L. Bailly (Ed.), *Quantum Macroeconomics. The legacy of Bernard Schmitt,* London, New York, Routledge, 2017, p. 85-102.
Cencini Alvaro, *Bernard Schmitt's Quantum Macroeconomic Analysis*, London, and New York, Routledge, 2003, 482 p.
Coriat Benjamin, « L'installation de la finance en France », *Revue de la Régulation*, n° 3/4, 2ème semestre 2008, [en ligne, janvier 2009].
Debord Guy, *La société du spectacle*, Paris, Buchet-Chastel, 1967, 127 p.
Defoe Daniel (1719), *Robinson Crusoe*, trad. française : *Robinson Crusoé*, Paris, LGF, Livre de Poche, 2003.
Desmedt Ludovic, « Les lois de l'échange selon Defoe », *Y a-t-il des lois en économie*, Villeneuve d'Ascq, Presses Universitaires du Septentrion, 2007, p. 121-139.
Dieterlen P. (1964), *L'idéologie économique*, Paris, Éditions Cujas, 281 p.
Fisher Irving (1906), *The Nature of Capital and Income*, London Macmillan. Trad. française : *De la nature du capital et du revenu*, Paris, V. Giard & E. Brière, 1911.
FMI, « Note d'information au public » (NIP), n° 09/30, 6 mars, 2009.

Frege Gottlob (1884) *Grundlagen der Arithmetik*, trad. en français : *Les fondements de l'arithmétique*, Paris, Seuil, 1969, 240 p.

Friboulet Jean-Jacques, « Inflation de demande et coût d'usage », *Economies et Sociétés*, Série « Monnaie et production », n° 8, nov.-déc., 1991, p. 127-153.

Galbraith John Kenneth, (1958), *The Affluent society,* trad. française : *Le Nouvel État Industriel. Essai sur le système économique américain,* Paris, Gallimard, 1968, 504 p.

Graeber David , *Debt. The First 5,000 Years*, New York, First Melville House, 2011, 534 p.

Graziani Augusto, *The Monetary Theory of Production*, Cambridge, Cambridge University Press, 2003, 188 p.

Harribey Jean-Marie, *La richesse, la valeur et l'inestimable*, Paris, Les Liens Qui Libèrent, 2013, 544 p.

Hayek Friedrich A. von (1931), *Prices and Production*, trad. française : *Prix et Production*, Paris, Calmann-Lévy, 1975, 208 p.

Hegel Georg Wilhelm Friedrich (1812), *Science de la logique. L'Être*, Paris, Aubier Montaigne, 1972, 632 p.

Hegel Georg Wilhelm Friedrich (1812), *Science de la logique. La doctrine de l'essence*, Paris, Aubier Montaigne, 1976, 632 p.

Hicks John Richard, *Critical Essays in Monetary Theory*, Oxford, Clarendon Press, 1967, 219 p.

Hume David (1742), *Essays, Moral, Political, and Literary, first pub.* Part II, Essay III, Ch.1 "Of Money", <www.econlib.org/library/LFBooks/Hume/hmMPL26/html, 2023.

Innes Mitchell, "What is money?" *The Banking Law Journal*, May, 1913.

Jappe Anselm, *La société autophage, capitalisme, démesure et autodestruction*, Paris, Éditions la Découverte, 2018, 248 p.

Jorion Paul, *La crise. Des subprimes au séisme financier planétaire*, Paris, Fayard, 2008, 353 p.

Keynes John Maynard (1930), *A Treatise on Money*, 1- *The Pure Theory of Money, The Collected Writings of John Maynard Keynes*, Vol. V, London, Macmillan, 1971.

Keynes John Maynard (1934), « La pauvreté dans l'abondance : le système économique est-il autorégulateur » in *La pauvreté dans l'abondance*, Paris, Gallimard, 2002, p. 213-239.

Keynes John Maynard (1933), "A monetary theory of production", *The Collected Writings of John Maynard Keynes*, vol. XIII, London, Macmillan, 1973, p. 408-411.

Keynes John Maynard (1936), *The General Theory of Employment, Interest and Money,* trad. française : *Théorie générale de l'emploi, de l'intérêt et de la monnaie,* Paris, Bibliothèque scientifique Payot, 1969, 496 p.

Keynes John Maynard (1930), « Economic Possibilities For Our Grandchildren », in *Essays in persuasion, in The collected writings of John Maynard Keynes*, Vol. 9, London, Macmillan, 1972, p. 321-332, trad. française « Perspectives économiques pour nos petits enfants », in *Essais sur la monnaie et l'économie*, Petite Bibliothèque Payot, Paris, 1971, p. 127-141.

Leibnitz Gottfried Wilhelm (1765), *Nouveaux essais sur l'entendement humain*, Paris, Librairie Hachette et Cie. 1915, 121 p.

Lemarchand Yves, *Du dépérissement à l'amortissement. Enquête sur l'histoire d'un concept et de sa traduction comptable,* Nantes, Ouest Éditions, 1993, 720 p.

Lordon Frédéric, *Jusqu'à quand ? Pour en finir avec la crise financière,* Paris, Raison d'Agir, 2008, 222 p.

Marx Karl et Engels Friedrich (1845-1846), « Genèse du capital et de l'État moderne », in *L'idéologie allemande*, in *Karl Marx, Œuvres III Philosophie.* Bibliothèque de la Pléiade, Paris, Gallimard, 1982, p. 1091-1115.

Marx Karl (1847), *Misère de la philosophie*, in *Karl Marx. Œuvres. Economie I*, Bibliothèque de la Pléiade, Paris, Gallimard, 1965, p. 7-136.

Marx Karl, (1847), *The Poverty of Philosophy,* available at <https://www.marxists.org/archive/marx/works/download/pdf/Poverty-Philosophy.pdf>

Marx Karl, (1858), *Fragment de la version primitive de la « Contribution à la critique de l'économie politique » (1858).* In *Contribution à la critique de l'économie politique,* Paris, Éditions Sociales, 1972, p.176-255.

Marx Karl, (1867), *Le capital, livre premier*, in *Karl Marx. Œuvres. Economie I,* Bibliothèque de la Pléiade, Paris, Gallimard, 1965, p. 535-1405.

Marx Karl, (1864-1875), *Le Capital, livre III,* in *Karl Marx Œuvres, Economie II*, Bibliothèque de la Pléiade, Paris, Gallimard, 1968, p. 866-1488.

Marx Karl, (1857-1858), *Principes d'une critique de l'économie politique, in Karl Marx, Œuvres, Économie II,* Bibliothèque de la Pléiade, Paris, Gallimard, 1968, p. 171-359.

Minsky Hyman, *Stabilizing an Unstable Economy*, New Haven and London, Yale University Press, 1986, 350 p.

Mirowski Philip, *Plus de chaleur que de lumière*, Paris, Economica, 2001, 524 p.

Moore Basil John, *Horizontalists and Verticalists, The Macroeconomics of Credit Money*, London, Cambridge University Press, 1988, 440 p.

Nietzsche Friedrich, (182-1884), *Also sprach Zarathustra*, trad. française : *Ainsi parlait Zarathustra*, coll. Folio essais, Paris, Gallimard, 1971, 512 p.

Nietzsche Friedrich, (1886), *Jenseits von gut und Böse,* trad. en français : *Par-delà le bien et le mal*, coll. Folio essais, Paris, Gallimard, 1971, 256 p.

Orléan André, *L'empire de la valeur*, Paris, Seuil, 2011, 352 p.

Petit Robert, *Dictionnaire*, Paris, Société du Nouveau Littré, 1979.

Planck Max (1948), *Wissenchaftliche Selbbiographie*, Barth, Leipzig, trad. française : *Autobiographie scientifique*, Paris, Albin Michel, 1960, 224 p.

Poulon Frédéric, *Macroéconomie approfondie*, Paris, Éditions Cujas, 1982, 400 p.

Poulon Frédéric, « Le circuit keynésien : *unde, ubi et quo.* », in E. Berr, V. Monvoisin, J.F. Ponsot (dir.), *L'économie post keynésienne*, Paris, Seuil, 2018, p. 127-143.

Ricardo David (1821), *On the Principles of Political Economy and Taxation*, London, Macmillan. Reprinted in P. Sraffa and M. Dobb (eds.), *The Works and Correspondence of David Ricardo*, Vol. I, Cambridge, Cambridge University Press, 1977.

Robinson Joan (1937), *Introduction to the Theory of Employment*, trad. française : *Introduction à la théorie de l'emploi*, Études et documents de l'INSEE, série TH.2, Paris, Presses Universitaires de Paris, 1948.

Rochon Loius Philip and Rossi Sergio, "Endogenous money: the evolutionary versus revolutionary views," *Review of Keynesian Economics*, vol. 1, No 2, 2013, Summer, p. 210-229.

Rossi Sergio, *Macroéconomie Monétaire. Théories et Politiques*, Genève, Zurich, Bâle, Bruylant, L.G.D.J., Schultess, 2008, 506 p.

Russell Bertrand, *Our Knowledge of the External World*,trad. française : *La méthode scientifique en philosophie*, Paris, Petite Bibliothèque Payot, 250 p.

Saussure Ferdinand de (1916), *Cours de linguistique générale*, Paris, Payot, 1982, 526 p.

Schmitt Bernard, *Analyse macro-économique des revenus*, Paris, Dalloz, 1971, 370 p.

Schmitt Bernard, *Théorie unitaire de la monnaie, nationale et internationale*, Albeuve (Suisse), Castella, 1975, 134 p.
Schmitt Bernard, *Inflation, chômage et malformations du capital*, Paris, Albeuve (Suisse), Economica et Castella, 1984, 590 p.
Schmitt Bernard, « Unemployment. Is there a principal cause? », in A. Cencini and M. Baranzini (dir.), *Inflation and Unemployment. Contributions to a new Macroeconomic Approach,* London and New York, Routledge, 1996, p. 75-91.
Schmitt, Bernard, *Le chômage et son éradication*, Fribourg, Suisse, Université de Fribourg, polycopié, 1998.
Schmitt Bernard, "Relative prices are undetermined by a mathematical error" in *Modern Monetary Macroeconomics. A New Paradigm for Economic Policy*, in C. Gnos and S. Rossi (eds) Cheltenham and Northampton, Edward Elgar, 2012a, p. 19-38.
Schmitt Bernard, "Money, effective demand, and profits," in *Modern Monetary Macroeconomics. A New Paradigm for Economic Policy*, in C. Gnos and S. Rossi (eds) Cheltenham and Northampton, Edward Elgar, 2012b, p. 71-99.
Schmitt Bernard, "A macroeconomic analysis of unemployment" in *Quantum Macroeconomics. The Legacy of Bernard Schmitt*, J.L. Bailly, S. Rossi et A. Cencini (eds), London and New York, Routledge, 2017, p. 64-84
Schmitt Bernard, *Inflation, Unemployment and Capital Malformations*, edited and translated in English by X. Bradley, and A. Cencini, London, New York, Routledge, 2021, 438 p.
Schumpeter Joseph, (1911), *Théorie der wirtshaftlichen Entwicklung*, trad. française : *Théorie de l'évolution économique*, Paris, Dalloz, 1999, 370 p.

Servet Jean-Marc, « La monnaie contre l'État ou la fable du troc », in *Droit et Monnaie. État et espace monétaires transnational*, Paris, Litec, 1988, p. 49-62.

Servet Jean-Marc, *Les monnaies du lien*, Lyon, Presses Universitaires de Lyon, 2012, 250 p.

Smith Adam (1776), *The Wealth of Nations,* trad. française : *Recherches sur la nature et les causes de la richesse des nations*, Paris, Flammarion, 1991, 448 p.

Walras Léon (1900), *Eléments d'économie politique pure*, Paris, Librairie générale de droit et de jurisprudence, 1952, 491 p.

Wray Larry Randal, *Money, and Credit in Capitalist Economies. The Endogenous Money Approach*, Cheltenham and Northampton, Edward Elgar, 1990, 326 p.

TABLE DES MATIERES

Structures éditoriales du groupe L'Harmattan

L'Harmattan Italie
Via degli Artisti, 15
10124 Torino
harmattan.italia@gmail.com

L'Harmattan Hongrie
Kossuth l. u. 14-16.
1053 Budapest
harmattan@harmattan.hu

L'Harmattan Sénégal
10 VDN en face Mermoz
BP 45034 Dakar-Fann
senharmattan@gmail.com

L'Harmattan Cameroun
TSINGA/FECAFOOT
BP 11486 Yaoundé
inkoukam@gmail.com

L'Harmattan Burkina Faso
Achille Somé – tengnule@hotmail.fr

L'Harmattan Guinée
Almamya, rue KA 028 OKB Agency
BP 3470 Conakry
harmattanguinee@yahoo.fr

L'Harmattan RDC
185, avenue Nyangwe
Commune de Lingwala – Kinshasa
matangilamusadila@yahoo.fr

L'Harmattan Congo
219, avenue Nelson Mandela
BP 2874 Brazzaville
harmattan.congo@yahoo.fr

L'Harmattan Mali
ACI 2000 - Immeuble Mgr Jean Marie Cisse
Bureau 10
BP 145 Bamako-Mali
mali@harmattan.fr

L'Harmattan Togo
Djidjole – Lomé
Maison Amela
face EPP BATOME
ddamela@aol.com

L'Harmattan Côte d'Ivoire
Résidence Karl – Cité des Arts
Abidjan-Cocody
03 BP 1588 Abidjan
espace_harmattan.ci@hotmail.fr

Nos librairies en France

Librairie internationale
16, rue des Écoles
75005 Paris
librairie.internationale@harmattan.fr
01 40 46 79 11
www.librairieharmattan.com

Librairie des savoirs
21, rue des Écoles
75005 Paris
librairie.sh@harmattan.fr
01 46 34 13 71
www.librairieharmattansh.com

Librairie Le Lucernaire
53, rue Notre-Dame-des-Champs
75006 Paris
librairie@lucernaire.fr
01 42 22 67 13

www.ingramcontent.com/pod-product-compliance
Lightning Source LLC
LaVergne TN
LVHW021216061026
849535LV00008B/2770
* 9 7 8 2 3 3 6 4 5 4 7 1 9 *